Es weihnachtet sehr

Es weihnachtet sehr

Mit Illustrationen von Elke Junker und Stefan Horst

Kaufmann Verlag

Bibliografische Information der Deutschen Bibliothek
Die Deutsche Bibliothek verzeichnet diese Publikation in der Deutschen
Nationalbibliografie; detaillierte bibliografische Daten sind im Internet
über http://dnb.ddb.de abrufbar.

1. Auflage 2015
© 2015 Verlag Ernst Kaufmann, Lahr

Konzept und Redaktion: Katharina Mauder
Illustrationen: Elke Junker und Stefan Horst
Gestaltung: Katrin Kleinschrot

Printed in Slovakia

ISBN 978-3-7806-2970-8

Inhalt

Wie lange noch?

Volksgut

Schon naht die liebe Weihnachtszeit,
bald will das Christkind kommen!
Da macht sich jedes Herz bereit,
da jubeln alle Frommen.
Am frohsten pocht den Kindern doch
das Herz mit lautem Schlage,
und jedes fragt: „Wie lange noch
ist's bis zum Weihnachtstage?"

Das Christkind aber blickt voll Huld
auf all die lieben Kleinen.
Und spricht: „Ihr Kinder, habt Geduld,
bald werd' ich euch erscheinen!
Es ist Advent! – Vier Wochen nun
sollt ihr euch recht bestreben,
gar alles mir zulieb zu tun,
recht gut und brav zu leben!

Die Engel geh'n jetzt ein und aus
in diesen heil'gen Wochen,
in jedem frommen Christenhaus
an Tür und Herz zu pochen!
Sie wollen auf mein Kommen ja
tagtäglich euch bereiten,
und wenn der Heil'ge Abend da,
euch an mein Kripplein leiten!

Sie mahnen zum Gehorsam euch,
zu Fleiß und guten Sitten
und tragen in das Himmelreich
all eure frommen Bitten!
Drum folgt dem Engel treu und gern,
den jetzt ich zu euch sende,
dann ist der heil'ge Tag nicht fern,
wo ich den Lohn euch spende!"

Der Schächtelchenkalender

Renate Schupp

Am Nachmittag hatte Frau Postel den Schächtelchenkalender im Kinderzimmer an die Wand gehängt. Er bestand aus 24 bunten Streichholzschachteln, die untereinander auf ein Band geklebt waren.

„Oh, der Schächtelchenkalender!", jubelten Anna, Lukas und Paul, als sie am Abend vom Spielen heraufkamen. Sie drängten sich ganz nahe heran.

„Nicht anfassen!", rief Frau Postel. „Anfassen ist verboten!"

„Hoffentlich hast du nicht wieder so viel Marzipansachen reingetan, Mama", sagte Paul. „Letztes Jahr habe ausgerechnet ich immer das Marzipan erwischt, wo ich es doch gar nicht mag."

„Doch, Marzipan, viel Marzipan!", riefen Anna und Lukas.

„Lieber keine Gummibärchen, die sind so klebrig", sagte Anna.

„Aber ich mag Gummibärchen!", schrie Paul.

„Ich auch!", sagte Lukas.

„Sind auch wieder Brausebonbons drin, Mama?"

„Und Kaugummis?"

„Au ja, aber die runden!"

„Ihr wisst doch, dass die runden gar nicht reingehen", sagte Frau Postel. „Sie sind zu dick."

„Ooch! Schokoladentaler gehen auch nicht rein!"

„Geleefrüchte auch nicht! Wo ich die doch soo mag!"

„Eigentlich sind die Schächtelchen viel zu klein", stellte Lukas fest. „Die besten Sachen gehen nicht rein!"

„Ja, wirklich, Mama", sagte Paul ernsthaft, „es wäre viel besser, wenn jeder von uns einen Schächtelchenkalender für sich alleine hätte. Dann könntest du jedem das reintun, was er am liebsten mag."

„Aber gewiss doch!", polterte da Herr Postel los, der schon seit einer Weile unbemerkt in der Tür stand und zuhörte. „Und nächstes Jahr nehmen wir dann Zigarrenkistchen! Und übernächstes Jahr Schuhschachteln, damit auch ordentlich etwas reingeht!"

Die Kinder schauten sich verwundert an.

„Warum sagst du das so böse, Papa?", fragte Anna.

„Ach, weil ihr unersättlich seid! Zu meiner Zeit hatten wir einen Adventskalender mit Fensterchen, einen für die ganze Familie. Und reihum öffnete jedes Kind ein Fensterchen und dahinter war ein Bild. Ein Bild! Wir kannten die Bilder schon auswendig, aber wir haben uns jedes Jahr wieder neu darüber gefreut."

Anna, Lukas und Paul warfen sich vielsagende Blicke zu.

„Ja, ja, früher!", brummelten die Jungen.

Anna räusperte sich und fragte: „Also, was ist? Darf ich jetzt das erste Schächtelchen aufmachen?"

„Wieso du?", rief Lukas. „Du hast letztes Jahr schon anfangen dürfen!"

„Ja!", schrie Paul. „Diesmal darf der Jüngste anfangen. Das hat Mama letztes Jahr versprochen. Nicht wahr, Mama?"

„Aha!", regte sich Lukas auf. „Einmal die Älteste und einmal der Jüngste. Da komme ich ja wohl nie dran."

Herr und Frau Postel sahen sich an und schüttelten die Köpfe. „Kann man denn hier niemals etwas tun, ohne dass es in Zank und Streit endet?", fragte Frau Postel. „Es ist doch völlig egal, wer beginnt. Außerdem ist dieses Jahr sowieso etwas ganz anderes in den Schächtelchen."

„Was? Wieso denn?", riefen die Kinder erstaunt.

Aber Frau Postel wollte nichts verraten. „Wascht euch die Hände", sagte sie. „Wir wollen erst zu Abend essen."

Nach dem Essen durfte Paul das erste Schächtelchen öffnen. Anna und Lukas reck-
ten die neugierigen Hälse. Ein Zettel fiel heraus – sonst nichts, wie sehr Paul das
Schächtelchen auch um und um drehte.
„Ist das alles?", fragte Paul enttäuscht.
„So lies doch erst einmal, was daraufsteht!", sagte Frau Postel.
Paul faltete den Zettel auseinander und las vor:

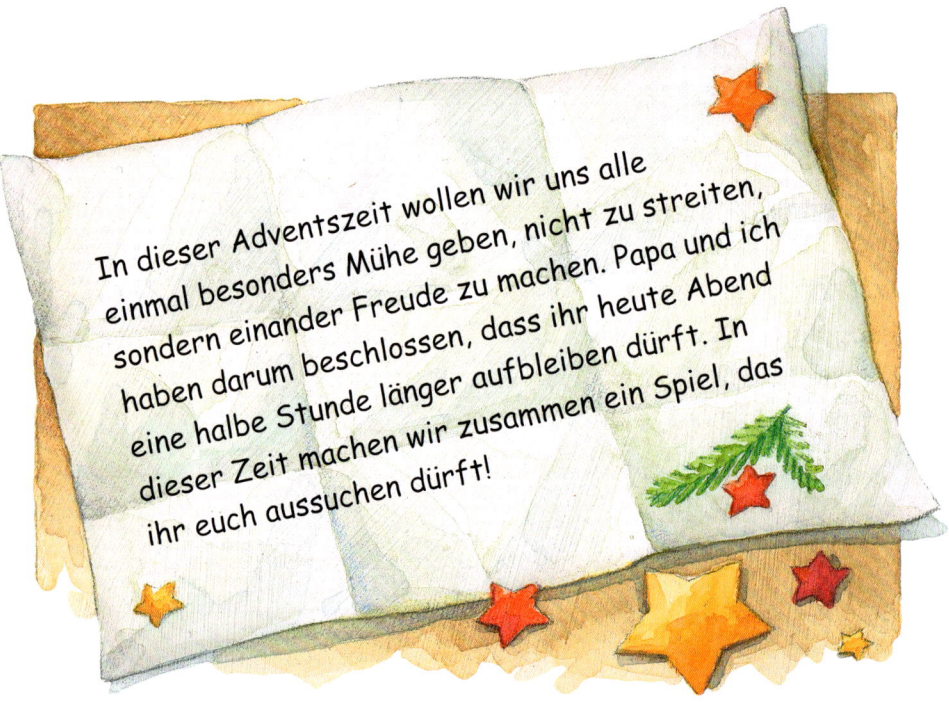

In dieser Adventszeit wollen wir uns alle einmal besonders Mühe geben, nicht zu streiten, sondern einander Freude zu machen. Papa und ich haben darum beschlossen, dass ihr heute Abend eine halbe Stunde länger aufbleiben dürft. In dieser Zeit machen wir zusammen ein Spiel, das ihr euch aussuchen dürft!

Ha, da gab es mit einem Mal keine missmutigen Gesichter mehr. Auch das Spiel war
schnell gefunden: Verstecken in allen Zimmern!
Herr und Frau Postel hatten ja eigentlich an etwas Ruhigeres gedacht, Mensch-
ärgere-dich-nicht zum Beispiel oder ein Kartenspiel. Aber sie machten doch mit.

„Ach, du, das war ein Spaß!", sagte Anna später, als sie und Lukas und Paul im Bett
lagen. „Ist morgen wieder so ein Zettel drin?"
„Es ist jeden Tag ein Zettel drin", sagte Frau Postel.
„Und da stehen lauter solche Sachen drauf – zum Freuen und so?"
„Ja!"
„Oh Mann!", stöhnten Lukas und Paul. „Ist das spannend!"
Von Kaugummis und Marzipan redete keiner mehr.

Paradies-Schnee

Gina Ruck-Pauquèt

In den Straßen, wo die vielen Autos fahren, ist der Schnee schmutzig, und auf den Gehsteigen sieht er auch nicht besser aus. Aber im Stadtgarten, da liegt er frisch und weiß auf den Wiesen. Unberührt bis auf eine krakelige Vogelspur hier und da.

„Die Bäume halten sich ganz still, damit der Schnee nicht runterfällt", sagt Susi, „nicht wahr?" Felix nickt.

„Sag, woher kommt der Schnee?"

„Aus den Wolken", erklärt Felix, „die haben die ganzen Bäuche voll davon."

„Und warum ist er immer nur weiß und nie rot?", will Susi jetzt wissen.

„Weil er sonst Flecken machen würde."

„Kann man Schnee essen?", fragt Susi.

„Ja", sagt Felix, „aber er ist so kalt, da kriegt man Bauchschmerzen."

„Ein bisschen?"

„Nein", sagt Felix, und er nimmt seine kleine Schwester fest an der Hand. „Pass auf, wie viele Wörter es mit Schnee gibt", lenkt er sie ab: „Schneeball, Schneewetter, Schneemann …"

„Schneefrau!", schreit Susi.

„Schneesturm", fährt Felix fort, „Schneeschaufel, Schneekönigin …"

„Schneenasi", sagt Susi.

„Nein", sagt Felix.

„Doch", sagt Susi, „weil mir nämlich Schnee auf die Nase gefallen ist!"

„Na gut", meint Felix. „Schneeräumer, Schneeschuhe …"

„Schneestrümpfe!", brüllt Susi und hüpft auf einem Bein, „Schneehütte, Schneevögel!"

„Komm, wir machen eine Schneeballschlacht!", ruft Felix. „Los!"

Da bewerfen sie sich mit Schneebällen. Die Susi schmeißt, so fest sie kann.

Der Felix darf das aber nicht, weil seine kleine Schwester dann losheult.

„Pah", stöhnt Susi endlich, „ich krieg keine Luft mehr!"

Jetzt schneit es mehr und mehr. Dichte Flocken segeln herab.

„War voriges Jahr auch Winter?", fragt Susi.

„Klar", antwortet Felix. „Erinnerst du dich nicht mehr?"

„Und vorvoriges Jahr?"

„Da auch."

„Und vorvorvoriges Jahr?" Susi ist eine Nervensäge.

„Jedes Jahr ist Winter", erklärt Felix.

„Ganz früher auch?"

„Ja", sagt Felix.

„Woher weißt du das?"

Felix denkt nach. „Von der Mama."

„Und woher weiß es die Mama?"

„Von der Großmama. – Siehst du den Vogel da?", versucht er sie abzulenken.

„Ja", sagt Susi. „Und von wem weiß die Großmama es?"

„Von ihrer Mutter", sagt Felix. „Der Urgroßmama."

„Und die?", bohrt Susi weiter.

„Von der Ururgroßmama. Der hat es die Urururgroßmama erzählt, und die erfuhr es von der Urururgroßmama."

„Und die von der Urururururururur …", jetzt macht es Susi erst Spaß!

„Ja", sagt Felix, „und immer so weiter zurück."

„Bis wohin?", fragt Susi. Felix stöhnt.

„Wo sind denn deine Handschuhe?", fragt er.

„Weiß ich nicht", sagt Susi. „Bis wohin?"

„Bis zu Adam und Eva im Paradies!"

„Im Paradies ist immer Sommer!", sagt Susi.

„Wieso?", fragt Felix.

„Weil da immer Sommer ist! Auf allen Paradiesbildern ist Sommer!"

Susi hat recht. Die Wiesen sind immer grün und die Blumen blühen.

„Im Paradies ist auch Winter gewesen!"

„Warum?", fragt Susi.

„Weil das Paradies ein wunderschöner Ort war", sagt Felix, „und weil der Winter auch wunderschön ist. Und weil er zu einem wunderschönen Ort dazugehört."

Susi guckt zu ihm hoch. „Ja", sagt sie. „Und die Tiere?", fragt sie. „Und die Leute?"

„Die Leute waren Adam und Eva", sagt Felix. Da fällt ihm ein, dass die ja keine Kleider hatten. „Im Paradies war der Schnee nicht kalt", sagt er.

„Echt?", fragt sie. „Woher weißt du das?", fragt sie.

„Von niemandem auf der ganzen, weiten Welt", sagt Felix. „Von mir ganz allein."

„Da mussten sie nicht frieren", sagt Susi. „Aber ich friere", fügt sie hinzu. „Trag mich ein bisschen!"

„Ob es wirklich Winter gab im Paradies?", denkt Felix, während er seine kleine Schwester huckepack nach Hause trägt. „Ganz bestimmt", denkt er, „und ich bin der Erste, dem es eingefallen ist."

Schneeflocken

Volksgut

Es schneit, hurra es schneit.
Schneeflocken weit und breit.
Ein lustiges Gewimmel
kommt aus dem grauen Himmel.

Was ist das für ein Leben!
Sie tanzen und sie schweben.
Sie jagen sich und fliegen,
der Wind bläst vor Vergnügen.

Und nach der langen Reise
da setzen sie sich leise
aufs Dach und auf die Straße
und frech dir auf die Nase.

Kufenzauber mit Knacks

Nina Hundertschnee

Frau Knacks war schon immer etwas anders als die anderen Hühner im Stall gewesen. Während sich Frau Sturzflug, Frau Knickebein und Frau Schnappschnabel zu Weihnachten einfach nur wünschten, nicht im Kochtopf zu landen, dachte Frau Knacks nur an eines: eislaufen!

„Einmal über den Ententeich schlittern – das ist mein größter Weihnachtswunsch", sagte sie und seufzte.

„Jetzt ist sie völlig übergeschnappt", gackerte Frau Knickebein. „Ein Huhn auf dem Eis, wo gibt es denn so was?"

„Ich sag doch schon immer, dass nicht nur ihre Eier einen Knacks haben", krähte Frau Sonntagsimmerzwei.

Doch Frau Knacks war es völlig egal, was die anderen Hühner von ihr dachten. Alles, was sie wollte, war ein Paar Schlittschuhe.

Als der Weihnachtsmann die Wunschzettel sortierte, da konnte er nicht glauben, was sich dieses verrückte Huhn von ihm wünschte. Er hielt es für einen Scherz, und so war von Schlittschuhen unter dem Weihnachtsbaum dann auch weit und breit nichts zu sehen.

„Fröhliche Einachten!", krähte Herr Blindpicker, der Hahn, und alle Hühner waren glücklich, an diesem Tag lebend im Stall sitzen zu können.

Nur Frau Knacks war am Boden zerstört. Ein ganz normales Leben auf der Stange – dafür war sie einfach nicht gemacht. „Ich bin eine Eistänzerin", gackerte sie leise. „Ich will wilde Pirouetten drehen und waghalsige Sprünge springen!"

Frau Knacks war vielleicht ein wenig verrückt, aber dumm war sie nicht. Im Gegenteil, sie war ziemlich schlau. Was der Weihnachtsmann nicht auf die Reihe brachte, das musste Frau Knacks halt selbst erledigen. Nachts im Traum schmiedete sie einen Plan …

Am nächsten Morgen, kurz vor Sonnenaufgang, als der ganze Hof noch schlief, schlich sie sich aus dem Hühnerstall in die Küche des Bauern. Sie nahm sich zwei Gabeln und ein Stück Geschenkband und schnallte sich die Gabeln unter ihre Hühnerfüße. Etwas tollpatschig, aber ihr Ziel immer vor Augen, stakste sie vom Hof in Richtung Ententeich. Der Fuchs, der gerade auf der Suche nach einem Weihnachtsfrühstück war, rieb sich die Augen, als Frau Knacks an ihm vorbeimarschierte. Er beschloss sehr schnell, dass es vielleicht besser für ihn sei, wieder im Bau zu verschwinden. Denn auch der Fuchs ahnte: Ein Huhn mit Knacks kann nichts und niemand aufhalten!

Der Ententeich lag friedlich und zugefroren da und glitzerte und funkelte im frühen Morgenlicht. Frau Knacks machte vor Begeisterung einen Freudensprung. Dabei vergaß sie jedoch die Gabeln an ihren Füßen und das knisternde Eis unter ihnen. Sie rutschte aus und schlitterte einmal quer über den Teich. Dann ruderte sie mit ihren

Flügeln in der Luft herum und bekam gerade noch einmal die Kurve. Links, rechts, Eierwalzer, Sprung – Frau Knacks schwebte im siebten Hühnerhimmel, als sie auf dem Eis Kunststücke vollführte. So etwas Schönes und Aufregendes konnte sie auf dem Hof nicht erleben.

Die Federn flogen durch die Luft, als Frau Knacks einen doppelten Gabelstapler auf das Eis legte. Bei der eingepickten Schnabelpirouette wurde ihr ein klein wenig schwindelig. Sie musste anhalten und die Augen schließen. Als sie diese wieder öffnete, stand eine Gruppe Enten mit offenen Schnäbeln vor ihr. „Das war noch nicht alles!", gackerte Frau Knacks und lief zum dreifachen Eierbecher an. Sie drehte sich dreimal in der Luft und landete im Spagat. Das Publikum tobte. Frau Plattwatschel rief: „Ich auch, ich auch!" Und da Frau Knacks nicht nur einen kleinen Knacks sondern auch ein großes Herz hatte, gab sie Frau Plattwatschel ihre Schlittschuhe. Alle anderen sahen erstaunt zu, wie die sonst so ungeschickte Frau Plattwatschel einen doppelten Plattwatschel auf das Eis zauberte.

Plötzlich hörte man ein lautes „Kikeriki!" vom Hof her, und das bedeutete, es war Zeit zurückzukehren. Doch als Frau Knacks sich bewegen wollte, da konnte sie es

nicht – sie war am Ententeich festgefroren! Die Enten quakten laut durcheinander und niemand wusste, wie man helfen konnte.

Nun war dieses Huhn in einer dummen Situation, doch dumm war Frau Knacks deshalb noch lange nicht. Im Gegenteil, sie war ziemlich schlau. „Her mit den Gabeln!", krähte sie.

Frau Plattwatschel kam herangewatschelt, und dann half sie Frau Knacks dabei, mit den beiden Gabeln zwei Kreise auszustechen – einen um jeden Hühnerfuß.

Nach einer Weile war Frau Knacks wieder frei. Allerdings sah sie mit zwei Eisblöcken unter den Füßen schon etwas merkwürdig aus. Ein letztes Mal wandte sie sich ihrem Publikum zu: „Ich komme, sobald es geht, wieder. Und dann zeige ich euch den eingeflogenen Hackenzacken!" Mit diesen Worten schnappte sich Frau Knacks die Gabeln und stapfte auf den Eisblöcken zurück nach Hause.

Dort angekommen gab es ein großes Geschrei. „Wir dachten, du wolltest eislaufen und nicht mit Eis unter den Füßen laufen!", gackerte Frau Knickebein.

Da begann Frau Knacks, von ihren wundervollen Kunststücken auf dem Eis zu erzählen. Im Hühnerstall herrschte eine Stille, wie sie nur sehr, sehr selten vorkam. „Man fühlt sich so frei, als wäre man gerade frisch aus dem Ei geschlüpft", sagte Frau Knacks, und ihre Hühneraugen leuchteten.

Auf einmal wollte der ganze Hühnerstall aufs Eis. Und Herr Blindpicker rief: „Ich krähe euch eine Kürmusik!"

Als der Bauer an diesem Morgen des ersten Weihnachtstags frühstücken und das Besteck aus der Schublade nehmen wollte, wunderte er sich – es gab keine einzige Gabel mehr. So leer wie die Schublade war, so leer war auch der Hühnerstall. Fast alle Hühner waren ausgeflogen und schlitterten auf dem Ententeich herum. „Fröhliche Einachten!" hörte man sie von weit her krähen.

Frau Knickebein drehte eine Pirouette nach der anderen, Frau Sturzflug übte den doppelten Eierbecher, und Frau Sonntagsimmerzwei wirbelte wie ein wildes Huhn über den Teich. Nur Frau Knacks hatte für diesen Tag genug vom Eislaufen. Müde aber überglücklich saß sie in ihrem Nest und brütete schon das nächste Abenteuer aus.

Schneeflöckchen, Weißröckchen

Text: nach Hedwig Haberkorn – Melodie: Volksweise

1. Schnee - flöck - chen, Weiß - röck - chen, wann_ kommst du ge - schneit? Du__ wohnst in den Wol - ken, dein_ Weg ist so weit.

2. Komm, setz dich ans Fenster,
du lieblicher Stern,
malst Blumen und Blätter,
wir haben dich gern.

3. Schneeflöckchen, du deckst uns
die Blümelein zu,
damit schlafen sie sicher
in himmlischer Ruh'.

4. Schneeflöckchen, Weißröckchen,
komm zu uns ins Tal,
dann bau'n wir den Schneemann
und werfen den Ball.

Wenn's schneit, wenn's schneit

Volksgut

Wenn's schneit, wenn's schneit,
ist Weihnacht nicht mehr weit.
Dann geht der alte Nikolaus
mit seinem Sack von Haus zu Haus.

Wenn's schneit, wenn's schneit,
ist Weihnacht nicht mehr weit.
Dann kann man durch die Straßen gehn
und all die schönen Sachen sehn.

Wenn's schneit, wenn's schneit,
ist Weihnacht nicht mehr weit.
Dann riecht es, ach, so wundersam,
nach Äpfeln und nach Marzipan.

Die Nikolausstiefel

Annegret Fuchshuber

In einem kleinen Dorf in den anatolischen Bergen lebte vor langer Zeit ein Junge mit seinem Esel. Dieser Esel war alles, was Afrem hatte: sein Besitz und seine Familie. Der Stall des Esels war sein Haus, das Stroh sein Bett – und das war nicht wenig. Denn Afrems Dorf war ein bitterarmes Dorf.

Zusammen mit seinem Esel konnte Afrem viele Arbeiten tun: Sie holten Reisig aus den Bergen, schafften Obst und Gemüse auf den Markt und machten Botengänge. Als Lohn bekam Afrem abends einen Teller warmes Essen oder ein Stück Brot mit Öl. Viel konnte keiner abgeben. Der Esel suchte sich sein Futter selbst, trockenes Gras am Wegrand oder ein paar Disteln.

Im Sommer war das wohl ein gutes Leben.

Aber der Winter war schlimm.

Der kleine Stall, in dem die beiden hausten, war kalt und Afrem hatte nichts Warmes anzuziehen, nicht einmal feste Schuhe. Er umwickelte seine Füße mit Stroh und Lumpen, aber das half kaum gegen Eis und Schnee.

Auch die Leute im Dorf litten im Winter unter der Kälte und dem Hunger. Auf den verschneiten Feldern gab es nichts zu ernten und die Vorräte waren immer knapp. Oft genug hatten die Menschen nur eine Hoffnung: den Bischof Nikolaus in der fernen Stadt Myra. In der größten Not kam er den Armen zu Hilfe.

Es kam ein Winter, der war härter und kälter als alle, an die sich die alten Leute im Dorf erinnern konnten. Tiefer Schnee bedeckte Häuser und Felder und erstickte alles Leben. Und eines Tages kam eine schlimme Nachricht aus Myra: Bischof Nikolaus war von einer Reise in die Bergdörfer nicht zurückgekehrt. Vielleicht hatten Wölfe die kleine Gruppe angefallen. Oder sie hatten im Schnee den Weg verloren. Keiner konnte es sagen.

Angst senkte sich auf das Dorf. Wer von den großen Herren in der Stadt würde jetzt an die Armen denken, denen der Winter so hart zusetzte?

Eines Abends kam Afrem von einem Botengang aus den Bergen zurück. Er war froh, dass sein Esel keine Last zu tragen hatte – so konnte er sich auf den Rücken setzen und die nackten Füße in das struppige Winterfell schieben. Vorsichtig suchte das Tier seinen Weg im tiefen Schnee.

Bei der alten Kiefer sah Afrem an der Böschung eine zusammengesunkene Gestalt. Ein alter Mann hockte da, in einen weiten Mantel gehüllt, die Kapuze tief ins Gesicht gezogen. Man sah gerade noch die Nase und den weißen Bart und eine Hand, die sich nach Afrem ausstreckte.

„Hilf mir", bat er, „ich kann nicht mehr."

Afrem hielt den Esel an.

„Räuber haben uns überfallen. Ich bin ihnen nur mit Mühe entkommen. Aber nun kann ich nicht weiter. Bring mich in dein Dorf. Bring mich zum Dorfvorsteher."

Afrem zögerte. Dann stieg er seufzend vom Esel. Mit tausend eisigen Nadeln stach der Schnee in seine Füße. Afrem biss die Zähne zusammen. Er half dem alten Mann auf den Esel.

Zu dritt zogen sie zum Dorf. Zum Glück war es nicht mehr weit; es war schon dunkel und die Wegspur war kaum noch zu erkennen. Beim Dorfvorsteher pochte Afrem ans Tor.

„Wer ist da?", rief jemand.

Ehe Afrem etwas sagen konnte, rief der alte Mann: „Bischof Nikolaus."

Da wurde es drinnen lebendig! Das Tor wurde aufgerissen, Menschen eilten heraus, halfen dem Alten vom Esel herunter, lachten, fragten, riefen durcheinander, komplimentierten ihn schließlich ins Haus hinein, da war es warm und hell und es duftete

nach Essen. Dann fiel das Tor zu und Afrem stand mit seinem Esel in der kalten Nacht. Er stieg wieder auf und ritt ans andere Ende des Dorfes, wo der Stall stand. Dort legte er sich hungrig und frierend zu seinem Esel ins Stroh und schob die eiskalten Füße ganz tief unter den warmen Bauch des Tieres. So schliefen sie endlich ein. Frühmorgens weckte ein lautes Klopfen an der Tür Afrem aus tiefem Schlaf. Er mochte nicht aufstehen.

„Es ist offen", rief er.

Nichts rührte sich draußen.

Schlaftrunken tappte er zur Tür und stieß sie auf. Niemand war zu sehen. Am Himmel funkelten noch die letzten Sterne.

Alles war still.

Doch da: Auf der Schwelle stand ein Paar Stiefel aus festem Leder, innen mit weichem Lammfell gefüttert. Sie waren bis oben hin gefüllt mit Äpfeln, Orangen, Lebkuchen, Feigen, Nüssen und anderen köstlichen Dingen. Als Afrem sie ausleerte, fand sich ganz unten in jedem Stiefel noch eine große Goldmünze. Darauf war das Bild des Bischofs geprägt, der sah dem alten Mann von gestern sehr ähnlich.

„Bischof Nikolaus", flüsterte Afrem. Dann probierte er die Stiefel und sie passten wie angegossen. Und waren warm und weich.

Was soll ich noch erzählen?

Vielleicht, dass Afrem fortan von den Goldmünzen glücklich und zufrieden leben konnte und nie mehr hungern musste?

Und dass die Stiefel ihm nie zu klein wurden, obwohl seine Füße doch noch tüchtig wuchsen, so wie der ganze Afrem?

Und dass jedes Jahr am Namenstag des Bischofs Nikolaus die Schuhe bis oben hin mit den feinsten Dingen gefüllt waren – über Nacht, wie von Zauberhand?

Tatsache ist jedenfalls, dass seit dieser Zeit Kinder in aller Welt am Vorabend des Nikolaustages ihre Schuhe vor die Tür stellen und sie am Morgen wohlgefüllt wiederfinden.

Jetzt weißt du, warum.

Lasst uns froh und munter sein

Text und Melodie: Volkslied aus dem Hunsrück

Strophe

1. Lasst uns froh_ und_ mun-ter sein und uns recht_ von_

Refrain

Her-zen freun! Lus-tig, lus-tig, tra-le-ra-le-ra!

Bald ist Ni-ko-laus - a-bend da, bald ist Ni-ko-laus - a-bend da.

2. Dann stell ich den Teller auf,
   Niklaus legt gewiss was drauf.
   Lustig, lustig …

3. Wenn ich schlaf, dann träume ich:
   jetzt bringt Nikolaus was für mich.
   Lustig, lustig …

4. Wenn ich aufgestanden bin,
   lauf ich schnell zum Teller hin.
   Lustig, lustig …

5. Niklaus ist ein guter Mann,
   dem man nicht g'nug danken kann.
   Lustig, lustig …

Knecht Ruprecht

Theodor Storm

Von drauß', vom Walde komm ich her;
Ich muss euch sagen, es weihnachtet
 sehr!
Allüberall auf den Tannenspitzen
Sah ich goldene Lichtlein sitzen;
Und droben aus dem Himmelstor
Sah mit großen Augen das Christkind
 hervor.
Und wie ich so strolcht' durch den
 finstern Tann,
Da rief's mich mit heller Stimme an:
„Knecht Ruprecht", rief es, „alter Gesell,
Hebe die Beine und spute dich schnell!
Die Kerzen fangen zu brennen an,
Das Himmelstor ist aufgetan,
Alt' und Junge sollen nun
Von der Jagd des Lebens einmal ruhn;
Und morgen flieg ich hinab zur Erden,
Denn es soll wieder Weihnachten
 werden!"

Ich sprach: „O lieber Herre Christ,
Meine Reise fast zu Ende ist;
Ich soll nur noch in diese Stadt,
Wo's eitel gute Kinder hat."
– „Hast denn das Säcklein auch bei
 dir?"
Ich sprach: „Das Säcklein, das ist hier:
Denn Apfel, Nuss und Mandelkern
Essen fromme Kinder gern."
– „Hast denn die Rute auch bei dir?"
Ich sprach: „Die Rute, die ist hier;
Doch für die Kinder nur, die schlechten,
Die trifft sie auf den Teil, den rechten."
Christkindlein sprach: „So ist es recht;
So geh mit Gott, mein treuer Knecht!"
Von drauß' vom Walde komm ich her;
Ich muss euch sagen, es weihnachtet
 sehr!
Nun sprecht, wie ich's hierinnen find!
Sind's gute Kind, sind's böse Kind?

Die Wichtelmänner

Nach den Brüdern Grimm

Es war ein Schuster ohne seine Schuld so arm geworden, dass ihm nichts mehr übrig blieb als Leder zu einem einzigen Paar Schuhe. Nun schnitt er am Abend die Schuhe zu, die wollte er den nächsten Morgen in Arbeit nehmen; und weil er ein gutes Gewissen hatte, so legte er sich ruhig zu Bett, befahl sich dem lieben Gott und schlief ein. Morgens, nachdem er sein Gebet verrichtet hatte und sich zur Arbeit niedersetzen wollte, so standen die beiden Schuhe ganz fertig auf seinem Tisch. Er wunderte sich und wusste nicht, was er dazu sagen sollte. Er nahm die Schuhe in die Hand, um sie näher zu betrachten: Sie waren so sauber gearbeitet, dass kein Stich daran falsch war, gerade als wenn es ein Meisterstück sein sollte.

Bald darauf trat auch schon ein Käufer ein, und weil ihm die Schuhe so gut gefielen, so bezahlte er mehr als gewöhnlich dafür, und der Schuster konnte von dem Geld Leder zu zwei Paar Schuhen erhandeln.

Er schnitt sie abends zu und wollte den nächsten Morgen mit frischem Mut an die Arbeit gehen, aber er brauchte es nicht, denn als er aufstand, waren sie schon fertig, und es blieben auch nicht die Käufer aus, die ihm so viel Geld gaben, dass er Leder zu vier Paar Schuhen einkaufen konnte. Er fand frühmorgens auch die vier Paar fertig; und so ging's immerfort, was er abends zuschnitt, das war am Morgen verarbeitet, sodass er bald wieder sein ehrliches Auskommen hatte und endlich ein wohlhabender Mann war.

Nun geschah es eines Abends, nicht lange vor Weihnachten, als der Mann wieder zugeschnitten hatte, dass er vorm Schlafengehen zu seiner Frau sprach: „Wie wär's, wenn wir diese Nacht aufblieben, um zu sehen, wer uns solche hilfreiche Hand leistet?" Die Frau war einverstanden und steckte ein Licht an; darauf verbargen sie sich in den Stubenecken, hinter den Kleidern, die da aufgehängt waren, und gaben acht.

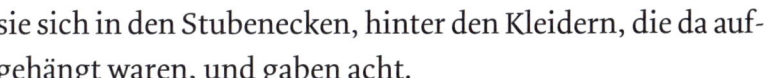

Als es Mitternacht war, da kamen zwei kleine niedliche, nackte Männlein, setzten sich vor des Schusters Tisch, nahmen alle zugeschnittene Arbeit zu sich und fingen an, mit ihren Fingerlein so behend und schnell zu stechen, zu nähen, zu klopfen, dass der Schuster vor Verwunderung die Augen nicht abwenden konnte. Sie ließen nicht nach, bis alles zu Ende gebracht war und fertig auf dem Tische stand, dann sprangen sie schnell fort.

Am andern Morgen sprach die Frau: „Die kleinen Männer haben uns reich gemacht, wir müssten uns doch dankbar dafür bezeigen. Sie laufen so herum, haben nichts am Leib und müssen frieren. Weißt du was? Ich will Hemdlein, Rock, Wams und Höslein für sie nähen, auch jedem ein Paar Strümpfe stricken; mach du jedem ein Paar Schühlein dazu."

Der Mann sprach: „Das bin ich wohl zufrieden." Und abends, als sie alles fertig hatten, legten sie die Geschenke statt der zugeschnittenen Arbeit zusammen auf den Tisch und versteckten sich dann, um mit anzusehen, wie sich die Männlein dazu anstellen würden.

Um Mitternacht kamen sie herangesprungen und wollten sich gleich an die Arbeit machen, als sie aber kein zugeschnittenes Leder, sondern die niedlichen Kleidungsstücke fanden. Erst waren sie sehr verwundert, dann aber bezeugten sie eine gewaltige Freude.

Mit der größten Geschwindigkeit zogen sie sich an, strichen die schönen Kleider am Leib und sangen:

„Sind wir nicht Knaben glatt und fein?

Was sollen wir länger Schuster sein!"

Dann hüpften und tanzten sie und sprangen über Stühle und Bänke. Endlich tanzten sie zur Tür hinaus. Von nun an kamen sie nicht wieder, dem Schuster aber ging es gut, solange er lebte, und es glückte ihm alles, was er unternahm.

Der Bratapfel

Volksgut

Kinder, kommt und ratet,
was im Ofen bratet!
Hört, wie's knallt und zischt.
Bald wird er aufgetischt,
der Zipfel, der Zapfel,
der Kipfel, der Kapfel,
der gelbrote Apfel.

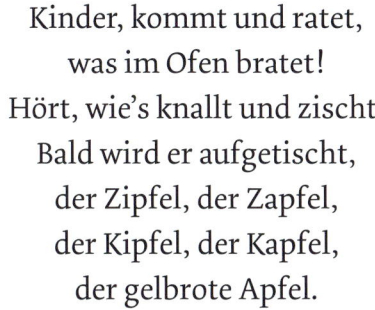

Kinder, lauft schneller,
holt einen Teller,
holt eine Gabel!
Sperrt auf den Schnabel
für den Zipfel, den Zapfel,
den Kipfel, den Kapfel,
den goldbraunen Apfel!

Sie pusten und prusten,
sie gucken und schlucken,
sie schnalzen und schmecken,
sie lecken und schlecken
den Zipfel, den Zapfel,
den Kipfel, den Kapfel,
den knusprigen Apfel.

Wenn es Winter wird

Christian Morgenstern

Der See hat eine Haut bekommen,
sodass man fast drauf gehen kann,
und kommt ein großer Fisch geschwommen,
so stößt er mit der Nase an.
Und nimmst du einen Kieselstein
und wirfst ihn drauf, so macht es klirr
und titscher – titscher – titscher – dir …
Heißa, du lustiger Kieselstein!
Er zwitschert wie ein Vögelein
und tut als wie ein Schwälblein fliegen –
doch endlich bleibt mein Kieselstein
ganz weit, ganz weit auf dem See draußen liegen.
Da kommen die Fische haufenweis
und schaun durch das klare Fenster von Eis
und denken, der Stein wär etwas zum Essen;
doch sosehr sie die Nase ans Eis auch pressen,
das Eis ist zu dick, das Eis ist zu alt,
sie machen sich nur die Nasen kalt.
Aber bald, aber bald
werden wir selbst auf eignen Sohlen
hinausgehn können und den Stein wiederholen.

Der Schnee

Sophie Reinheimer

Heute war Weihnachten. – Aber erst heute Abend! – Jetzt war es noch ganz hell auf der Straße und im Garten, denn es war noch Tag.

„Heute Abend ist Weihnachten", zwitscherten die Spatzen sich im Garten gegenseitig zu, und dann flogen sie zu den Bäumen und Sträuchern hin, um es denen zu erzählen. Aber die wussten es schon.

„Wir haben gesehen, wie der Christbaum in das Haus getragen wurde", sagten sie. Die Spatzen hatten aber noch viel mehr gesehen, denn neugierig, wie sie nun einmal waren, hatten sie sich den ganzen Nachmittag auf dem Fensterbrett herumgetrieben und in das Zimmer geguckt, worin die Weihnachtsbescherung aufgebaut war.

„Den Christbaum", sagten sie, „haben wir auch gesehen; aber wir hätten ihn beinahe nicht wiedererkannt, so schön war er geschmückt mit Äpfeln und Nüssen und Gold und Silber und bunten Papierketten."

„Wie schön!", sagten die Bäume und Sträucher und blickten traurig auf ihre kahlen Äste nieder. Da waren nicht einmal mehr Blätter daran. Und der große Apfelbaum auf dem Rasenplatz gedachte wehmütig der schönen Zeit, in der er auch voll schöner roter Äpfel gehangen hatte.

„Vielleicht sind es meine Äpfel, die nun an dem Christbaum hängen", sagte er. Das wussten freilich die Spatzen nicht; aber noch viel anderes wussten sie und erzählten es.

„Der kleine Junge, der Richard, der kriegt eine Kappe, und Hermine einen Mantel und ein Buch mit Geschichten; wir haben das alles auf dem Tische liegen sehen; auch eine schöne warme Decke für die Großmutter lag dabei, damit sie nicht friert. Aber das Schönste, das kommt erst noch! Heute Abend, wenn die vielen Lichter an dem Christbaum erst alle brennen. Das wird herrlich!"

„Ja – ihr habt's gut", brummte die dicke Pumpe, die auch im Garten stand. „Unsereins kriegt keine Geschenke und sieht nichts von Christbaum und Lichtern. Wenn ich doch auch fliegen könnte!"

Darüber mussten die Spatzen nun furchtbar lachen. Es war doch auch zu komisch, zu denken, dass die dicke Pumpe fliegen könne.

Die andern im Garten gaben aber alle der Pumpe Recht.

„Wenn man wenigstens eine Kappe geschenkt bekäme", riefen die hölzernen Pfähle des Gartenzauns.

„Oder einen schönen Mantel", meinte das Dach der Laube.

Der Rasen wollte lieber eine warme Decke haben wie die Großmutter, um seine Grashälmchen damit zuzudecken, denn die froren gar gewaltig in dem kalten Winter …

So wünschte sich alles im Garten etwas. Ja – wünschen konnten sie sich schon – aber wer sollte die Wünsche alle erfüllen? Das Christkind etwa? Ach – das hatte wahrhaftig gerade genug mit den Menschen zu tun.

Traurig blickten Bäume und Sträucher und der Rasenplatz und die Zaunpfähle zum Himmel hinauf; da war es ganz grau, ganz grau.

„Es ist schon das Klügste, wir schlafen ein", sagte der Rasen. „Zu sehen bekommen wir ja doch nichts von all den Herrlichkeiten; es ist ja auch schon ganz dunkel geworden." Die anderen dachten das auch, und bald darauf war es im ganzen Garten mäuschenstill. – Alles schlief.

Aber was war das, das plötzlich oben vom Himmel herunterkam? Lauter kleine weiße Flöckchen: Schneeflocken waren es. Was wollten sie wohl? Warum kamen sie herunter auf die Erde? Und so leise kamen sie, so leise, dass man sie gar nicht hörte. Und nur ganz sachte sprachen sie miteinander.

„Wie kalt das ist", flüsterten die einen; „es ist nur gut, dass uns die Mutter Wolke unsere weißen Sternmäntelchen angezogen hat." Sie waren sehr stolz auf ihre schönen weißen Sternmäntel, und die kleinsten von ihnen tanzten in der Luft herum vor lauter Vergnügen.

Ein paar ganz große Flocken waren auch dabei, aber sie flogen schon langsam und vernünftig ihres Weges daher und hielten auch die andern zur Ordnung an.

„Nun macht eure Sache gut", sagten sie. „Und dass ihr nichts vergesst! Und dass ihr schön leise macht, damit niemand im Garten aufwacht, sonst ist's mit der Überraschung vorbei."

Die Schneeflocken nickten stumm. Nun waren die ersten unten im Garten angelangt. Nichts rührte und regte sich darin, alles schlief. Das war den Schneeflocken gerade recht, denn sie hatten eine große Überraschung vor. Leise wanderten sie zu den schlafenden Sträuchern und zu den Bäumen hin und schmückten sie fein zierlich aus. Kein Zweiglein, auch nicht das allerkleinste, wurde vergessen; es sah aus, als wäre alles in Zucker getaucht. Und wie flink die kleinen Schneeflocken bei ihrer Arbeit waren und wie leise sie taten. Es war sehr gut, dass so viele Schneeflocken daran waren, denn es gab eine Menge zu tun. Das Dach der Laube sollte einen Mantelkragen bekommen, so wie es sich einen gewünscht hatte. Das war aber gar nicht so leicht, denn die Laube war schon alt und hatte keinen so festen Schlaf mehr; sie knackste manchmal ganz unheimlich, sodass die Schneeflocken sehr erschraken und schon dachten, die Laube könne aufwachen; aber sie hatte nur im Traum geknackst, so wie die Menschen manchmal im Traum sprechen. Am meisten Arbeit aber machte doch die Decke für den großen Rasenplatz. Die guten Schneeflocken hatten ihre

eigenen Sternenmäntelchen dazu hergegeben, – viele, viele tausend davon lagen schon auf dem Rasen. Aber immer noch war die Decke nicht dick und warm genug, und es mussten immer und immer noch Schneeflocken vom Himmel herunterkommen und ihre Mäntelchen oben drauflegen.

Endlich, endlich war die Decke fertig. Es war eine prachtvolle Decke – so frisch und weiß und warm. Nun froren die armen Grashälmchen sicher nicht mehr.

„Ist nun alles fertig?", fragten die Schneeflocken. „Ach nein – ach nein", flüsterte es an allen Ecken und Enden, „wir sind noch lange nicht fertig! Es sind aber auch so entsetzlich viele Kappen, die wir aufzusetzen haben. Helft uns doch, helft uns doch, sonst kommt der Morgen und wir sind noch nicht fertig." – Nun ging es aber husch! husch! an das Austeilen der Kappen. Jedes Ding im Garten, das noch nichts bekommen hatte, bekam ein weißes Schneepelzkäppchen aufgesetzt: jeder Stein, jeder Pfahl am Zaun, sogar die alte Pumpe bekam eins. Weil es aber so arg in der Eile ging, kam es wohl vor, dass eins oder das andere eine Mütze bekam, die ihm zu groß oder zu klein war – oder dass sie ihm schief auf dem Kopfe saß. Aber das schadete nichts. Die Hauptsache war, dass niemand vergessen wurde und dass man bald fertig war. Und man war bald fertig. Nun brauchten keine Schneeflocken mehr zu kommen. Nur noch ein paar wurden von der Mutter Wolke herabgeschickt; die sollten nachsehen, ob die andern ihre Sache gut gemacht hatten. Das hatten sie wirklich, man konnte mit ihnen zufrieden sein.

Und nun war eine Weile wieder alles ganz still im Garten. Aber dann am anderen Morgen – das hättet ihr sehen sollen! Das war ein Erstaunen, ein Jubel und eine Freude, als nach und nach alle aufwachten und die Bescherung sahen. Die Sträucher wagten sich nicht zu rühren aus Angst, etwas von dem herrlichen Schmuck zu verlieren. Der Rasenplatz war glücklich über die schöne, warme Decke und die Zaunpfähle hatten das größte Vergnügen und wollten ihre schönen Kappen am liebsten für immer behalten. Die alte Laube aber, die sonst immer als erste aufgewacht war vor Kälte, die wachte heute zu allerletzt auf, so gut hatte sie in ihrem warmen Kragen geschlafen.

Das kleine Mädchen mit den Schwefelhölzern

Hans Christian Andersen

Es war fürchterlich kalt; es schneite und begann dunkler Abend zu werden, es war der letzte Abend im Jahre, Neujahrsabend! In dieser Kälte und in dieser Finsternis ging ein kleines, armes Mädchen mit bloßem Kopfe und nackten Füßen auf der Straße. Sie hatte freilich Pantoffeln gehabt, als sie vom Hause wegging, aber was half das! Es waren sehr große Pantoffeln, ihre Mutter hatte sie zuletzt getragen, so groß waren sie, diese verlor die Kleine, als sie sich beeilte, über die Straße zu gelangen, indem zwei Wagen gewaltig schnell daherjagten. Der eine Pantoffel war nicht wiederzufinden und mit dem andern lief ein Knabe davon, der sagte, er könne ihn als Wiege benutzen, wenn er selbst einmal Kinder bekomme.

Da ging nun das arme Mädchen auf den bloßen, kleinen Füßen, die ganz rot und blau vor Kälte waren. In einer alten Schürze hielt sie eine Menge Schwefelhölzer und ein Bund trug sie in der Hand. Niemand hatte ihr während des ganzen Tages etwas abgekauft, niemand hatte ihr auch nur einen Dreier geschenkt; hungrig und halb erfro-

ren schlich sie einher und sah sehr gedrückt aus, die arme Kleine! Die Schneeflocken fielen in ihr langes, blondes Haar, welches sich schön über den Hals lockte, aber an Pracht dachte sie freilich nicht.

In einem Winkel zwischen zwei Häusern – das eine sprang etwas weiter in die Straße vor als das andere – da setzte sie sich und kauerte sich zusammen. Die kleinen Füße hatte sie fest angezogen, aber es fror sie noch mehr, und sie wagte nicht nach Hause zu gehen, denn sie hatte ja keine Schwefelhölzer verkauft, nicht einen einzigen Dreier erhalten. Ihr Vater würde sie schlagen, und kalt war es daheim auch, sie hatten nur das Dach gerade über sich, und da pfiff der Wind herein, obgleich Stroh und Lappen zwischen die größten Spalten gestopft waren.

Ihre kleinen Hände waren vor Kälte fast ganz erstarrt. Ach! Ein Schwefelhölzchen könnte gewiss recht gut tun; wenn sie nur wagen dürfte, eins aus dem Bunde herauszuziehen, es gegen die Wand zu streichen, und die Finger daran zu wärmen. Sie zog eins heraus, »Ritsch!« Wie sprühte es, wie brannte es! Es gab eine warme, helle Flamme, wie ein kleines Licht, als sie die Hand darum hielt, es war ein wunderbares Licht! Es kam dem kleinen Mädchen vor, als sitze sie vor einem großen eisernen Ofen mit Messingfüßen und einem messingenen Aufsatz; das Feuer brannte ganz herrlich darin und wärmte schön! – Die Kleine streckte schon die Füße aus, um auch diese zu wärmen – da erlosch die Flamme, der Ofen verschwand – sie saß mit einem kleinen Stumpf des ausgebrannten Schwefelholzes in der Hand.

Ein neues wurde angestrichen, es brannte, es leuchtete, und wo der Schein desselben auf die Mauer fiel, wurde diese durchsichtig wie ein Flor. Sie sah gerade in das Zimmer hinein, wo der Tisch mit einem glänzend weißen Tischtuch und mit feinem Porzellan gedeckt stand, und herrlich dampfte eine mit Pflaumen und Äpfeln gefüllte, gebratene Gans darauf! Und was noch prächtiger war, die Gans sprang von der Schüssel herab, watschelte auf dem Fußboden hin mit Gabel und Messer im Rücken, gerade auf das arme Mädchen kam sie zu. Da erlosch das Schwefelholz, und nur die dicke, kalte Mauer war zu sehen.

Sie zündete ein neues an. Da saß sie unter dem schönsten Weihnachtsbaume. Der war noch größer und aufgeputzter als der, welchen sie zu Weihnachten durch die Glastüre bei dem reichen Kaufmanne erblickt hatte. Viele tausend Lichter brannten auf den grünen Zweigen, und bunte Bilder wie die, wel-

che die Ladenfenster schmücken, schauten zu ihr herab. Die Kleine streckte die beiden Hände in die Höh' – da erlosch das Schwefelholz; die vielen Weihnachtslichter stiegen höher und immer höher, nun sah sie, dass es die klaren Sterne am Himmel waren, einer davon fiel herab und machte einen langen Feuerstreifen am Himmel. „Nun stirbt jemand!", sagte die Kleine, denn ihre alte Großmutter, welche die einzige war, die sie lieb gehabt hatte, die jetzt aber tot war, hatte gesagt: „Wenn ein Stern fällt, so steigt eine Seele zu Gott empor."

Sie strich wieder ein Schwefelholz gegen die Mauer, es leuchtete ringsumher, und im Glanze desselben stand die alte Großmutter, glänzend, mild und lieblich da.

„Großmutter!", rief die Kleine. „O, nimm mich mit! Ich weiß, dass du auch gehst, wenn das Schwefelholz ausgeht; genau wie der warme Ofen, der schöne Gänsebraten und der große, herrliche Weihnachtsbaum!" Sie strich eiligst den ganzen Rest der Schwefelhölzer, welche noch im Bunde waren, sie wollte die Großmutter recht festhalten; und die Schwefelhölzer leuchteten mit solchem Glanz, dass es heller war als am lichten Tage. Die Großmutter war nie so schön, so groß gewesen; sie hob das kleine Mädchen auf ihren Arm, und in Glanz und Freude flogen sie in die Höhe, und da fühlte sie keine Kälte, keinen Hunger, keine Furcht – sie waren bei Gott!

Aber im Winkel am Hause saß in der kalten Morgenstunde das kleine Mädchen mit roten Wangen, mit lächelndem Munde – tot, erfroren am letzten Abend des alten Jahres. Der Neujahrsmorgen ging über der Kleinen auf, welche mit Schwefelhölzern dasaß, wovon ein Bund fast verbrannt war. Sie hat sich wärmen wollen, sagte man. Niemand wusste, was sie Schönes erblickt hatte, in welchem Glanze sie mit der alten Großmutter zur Neujahrsfreude eingegangen war!

Weihnachten

Joseph von Eichendorff

Markt und Straßen steh'n verlassen,
Still erleuchtet jedes Haus,
Sinnend geh' ich durch die Gassen,
Alles sieht so festlich aus.

An den Fenstern haben Frauen
Buntes Spielzeug fromm geschmückt,
Tausend Kindlein steh'n und schauen,
Sind so wunderstill beglückt.

Und ich wandre aus den Mauern
Bis hinaus ins freie Feld,
Hehres Glänzen, heil'ges Schauern!
Wie so weit und still die Welt!

Sterne hoch die Kreise schlingen,
Aus des Schnees Einsamkeit
Steigt's wie wunderbares Singen –
O du gnadenreiche Zeit!

Die himmlische Musik

Richard von Volkmann

Als noch das goldene Zeitalter war, wo die Engel mit den Bauernkindern auf den Sandhaufen spielten, standen die Tore des Himmels weit offen, und der goldene Himmelsglanz fiel aus ihnen wie ein Regen auf die Erde herab. Die Menschen sahen von der Erde in den offenen Himmel hinein; sie sahen oben die Seligen zwischen den Sternen spazierengehen, und die Menschen grüßten hinauf, und die Seligen grüßten herunter. Das Schönste aber war die wundervolle Musik, die damals aus dem Himmel sich hören ließ. Der liebe Gott hatte dazu die Noten selber aufgeschrieben, und tausend Engel führten sie mit Geigen, Pauken und Trompeten auf. Wenn sie zu ertönen begann, wurde es ganz still auf der Erde. Der Wind hörte auf zu rauschen, und die Wasser im Meer und in den Flüssen standen still. Die Menschen aber nickten sich zu und drückten sich heimlich die Hände. Es wurde ihnen beim Lauschen so wunderbar zumut, wie man das jetzt einem armen Menschenherzen gar nicht beschreiben kann.

So war es damals; aber es dauerte nicht lange. Denn eines Tages ließ der liebe Gott zur Strafe die Himmelstore zumachen und sagte zu den Engeln: „Hört auf mit eurer Musik; denn ich bin traurig!" Da wurden die Engel auch betrübt und setzten sich jeder mit seinem Notenblatt auf eine Wolke und zerschnitzelten die Notenblätter mit ihren kleinen goldenen Scheren in lauter einzelne Stückchen; die ließen sie auf die Erde hinunterfliegen.

Hier nahm sie der Wind, wehte sie wie Schneeflocken über Berg und Tal und zerstreute sie in alle Welt. Und die Menschenkinder haschten sich jeder ein Schnitzel, der eine ein großes und der andere ein kleines, und hoben sie sich sorgfältig auf und hielten die Schnitzel sehr wert; denn es war ja etwas von der himmlischen Musik, die so wundervoll geklungen hatte. Aber mit der Zeit begannen sie sich zu streiten und zu entzweien, weil jeder glaubte, er hätte das Beste erwischt; und zuletzt behauptete jeder, das, was er hätte, wäre die eigentliche himmlische Musik, und das, was die anderen besäßen, wäre eitel Trug und Schein. Wer recht klug sein wollte – und deren waren viele –, machte noch hinten und vorn einen großen Schnörkel daran und bildete sich etwas ganz Besonderes darauf ein. Der eine pfiff a und der andere sang b; der eine spielte in Moll und der andere in Dur; keiner konnte den andern verstehen. Kurz, es war ein Lärm wie in einer Volksschule. – So steht es noch heute.

Wenn aber der Jüngste Tag kommen wird, wo die Sterne auf die Erde fallen und die Sonne ins Meer und die Menschen sich an der Himmelspforte drängen wie die Kinder zu Weihnachten, wenn aufgemacht wird – da wird der liebe Gott durch die Engel alle die Papierschnitzel von seinem himmlischen Notenbuche wieder einsammeln lassen, die großen ebensowohl wie die kleinen, und selbst die ganz kleinen, auf denen nur eine einzige Note steht. Die Engel werden die Stückchen wieder zusammensetzen, und dann werden die Tore aufspringen, und die himmlische Musik wird aufs Neue erschallen, ebenso schön wie früher. Da werden die Menschenkinder verwundert und beschämt dastehen und lauschen und einer zum andern sagen: „Das hattest du! Das hatte ich! Nun aber klingt es erst wunderbar herrlich und ganz anders, nun da alles wieder beisammen und am richtigen Orte ist!"

Ja, ja! So wird's. Ihr könnt euch darauf verlassen.

Leise rieselt der Schnee

Text und Melodie: Eduard Ebel

1. Lei - se rie - selt der Schnee,
still und starr ruht der See,
weih-nacht-lich glän - zet der
Wald: Freu - e dich, Christ - kind kommt bald!

2. In den Herzen ist's warm,
still schweigt Kummer und Harm,
Sorge des Lebens verhallt:
Freue dich, Christkind kommt bald!

3. Bald ist Heilige Nacht,
Chor der Engel erwacht,
hört nur, wie lieblich es schallt:
Freue dich, Christkind kommt bald!

Weihnachtsgebäck

Isabella Braun

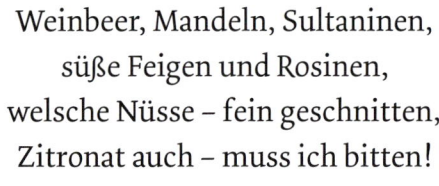

Weinbeer, Mandeln, Sultaninen,
süße Feigen und Rosinen,
welsche Nüsse – fein geschnitten,
Zitronat auch – muss ich bitten!

Birnenschnitze doch zumeist
und dazu den Kirschengeist;
wohl geknetet mit der Hand
alles tüchtig durcheinand
und darüber Teig gewoben –
wirklich, das muss ich mir loben!

Solch ein Brot kann's nur im Leben
jedes Mal zur Weihnacht geben!
Eier, Zucker und viel Butter
schaumig rührt die liebe Mutter;
kommt am Schluss das Mehl daran,
fangen wir zu helfen an.

In den Teig so glatt und fein
stechen unsre Formen ein:
Herzen, Vögel, Kleeblatt, Kreise –
braune Plätzchen, gelbe, weiße
sieht man bald – welch ein Vergnügen –
auf dem Blech im Ofen liegen.
Knusprig kommen sie heraus,
duften durch das ganze Haus.

Solchen Duft kann's nur im Leben
jedes Mal zur Weihnacht geben!

Weihnachtspost

Edith Schreiber-Wicke

Novalis saß am Fenster und schaute den Schneeflocken zu. Sie sahen hübsch aus, aber er wusste genau: Wenn man sie fing, waren sie erst kalt, dann nass und dann weg. Außerdem musste man dazu ins Freie gehen, und dort war es derzeit äußerst ungemütlich. Es machte mehr Spaß, im warmen Zimmer zu sitzen und die wirbelnden Dinger mit den Augen zu verfolgen.

Tina kam, um Novalis zu streicheln. Ein wenig ungeduldig wich er aus. Dass die Menschen nie bemerkten, wenn eine Katze anderweitig beschäftigt war ... besonders die ganz kurzen Menschen, wie Tina einer war.

„Ich schreib einen Brief ans Christkind", sagte Tina zu Novalis. „Weil ich mir nämlich eine Menge Sachen wünsche. Und die muss man dem Christkind aufschreiben, sonst vergisst es womöglich was."

Novalis hörte aufmerksam zu. Das interessierte ihn. Wünsche hatte er nämlich auch.

Tina nahm ein Stück Papier und begann, blaue Zeichen draufzumalen.

Novalis hätte gern gewusst, wer dieses Christkind war. Und wo. Und warum es Wünsche erfüllte. Jedenfalls musste es ziemlich schlau sein, wenn es die Zeichen verstehen konnte, die Tina aufs Papier kritzelte. Novalis schaute mit schief gelegtem Kopf zu.

Ich will auch einen Brief schreiben, dachte er. Und er begann, in Gedanken zu formulieren:

Wertes Christkind,

wenn du wirklich so lieb bist, wie allgemein behauptet wird, dann ersuche ich dich höflich um die Erfüllung folgender Wünsche:

1. Keine verschlossenen Türen mehr im Haus. Ich hasse Türen, die zu sind.

2. Öfter einmal Fisch zum Frühstück – oder auch zum Abendessen. Ich liebe Fisch.

3. Das Wichtigste: Schick mir einen Kollegen. Menschen sind ganz nett, aber eben doch nur Menschen, und gelegentlich will man kätzisch reden.

Es reicht Dir die Pfote zum Gruß und Dank
Novalis, derzeit einziger Kater hier.

„So", dachte Novalis. „Jetzt muss ich nur noch Zeichen auf ein Papier bringen. Das gehört offensichtlich dazu."

Er versuchte es mit einem von Tinas Schreibstiften. Aber das Ding war nicht für Katzenpfoten gedacht. Es rollte über den Tisch und fiel auf den Boden.

Tina sagte etwas Unfreundliches zu Novalis.

Beleidigt ging Novalis ins Nebenzimmer. Einer von den großen Menschen saß da und zeichnete schwarze Striche auf ein weißes Papier. Die schwarze Farbe kam aus einem kleinen Tiegel, wie Novalis feststellte. Papier lag auch genug herum. Vorsichtig tauchte Novalis eine Pfote in den Tiegel und setzte sie dann auf weißes Papier. „Ausgesprochen schön", stellte er fest. „Das wird dem Christkind bestimmt gefallen."

Die laute, aufgeregte Stimme des Menschen schreckte ihn aus seiner Beschäftigung. „Lass das, du Untier. Troll dich da! Ausgerechnet ans Tuschfass muss er! Dieser Kater kostet mich meine letzten Nerven!"

Novalis flüchtete und reinigte seine schwarze Pfote am Vorzimmerteppich. Menschen!, dachte er verstimmt. Haben einfach von nichts eine Ahnung. Grollend zog er sich unter ein Sofa zurück und versuchte, seine noch immer schwarze Pfote mit der Zunge zu säubern.

Auf einer geräumigen Wolke saßen mehrere Engel und sortierten Briefe.

„Was sich die Menschen so alles wünschen!", sagte einer der Engel kopfschüttelnd.

„Weiß jemand, was ein Computerspiel ist?", rief ein anderer.

„Keine Ahnung", raunte ein Dritter. „Noch nie gehört. Als ich neu hier war, haben sich Kinder Märchenbücher und Zuckerwerk vom Christkind gewünscht. Allerhöchstens einmal warme Winterschuhe."

„Oh, was haben wir denn da?" Einer der Engel hob ein weißes Papier mit schwarzen Pfotenabdrücken hoch. „Der Absender muss eine Katze sein. Das kommt nicht oft vor. Kann wer zufällig die Katzenschrift lesen?"

„Der Oberpostengel, soviel ich weiß", rief jemand.

Und so landete der Brief mit den schwarzen Pfotenspuren auf einer rosaroten Eilwolke, die für den Oberpostengel bestimmt war.

„Du lieber Himmel, ein Brief von einer Katze! So was hab ich zuletzt vor mehr als dreihundert Jahren in den Händen gehabt", brummte der Oberpostengel. Er setzte seine goldgefasste Brille auf und studierte eine Weile die schwarzen Spuren auf dem Papier.

„Keine Chance", murmelte er schließlich, „das muss an allerhöchster Stelle erledigt werden." Und er gab den Brief einem Express-Engel mit, der soeben vorbeiflog.

Das Christkind nahm gerade einen Stapel Post aus dem Fach mit der Aufschrift „Unmögliches". So ganz nebenbei fiel sein Blick auf das Blatt Papier, das der Express-Engel abgegeben hatte. Das Christkind lächelte … Wenig später lag der Wunschzettel, den Novalis geschrieben hatte, in der Abteilung „Genehmigt". Versehen mit der eigenhändigen, allerhöchsten Unterschrift.

Novalis war wieder einmal beleidigt. Sie ließen ihn nicht auf den Tannenbaum klettern, den sie im großen Zimmer aufgestellt hatten. Sie schimpften, weil die Silberbälle alle zerbrochen waren. Er hatte doch nur ausprobiert, ob wenigstens einer hüpfen konnte. Und von den Glitzerfäden am Baum war ihm schrecklich schlecht geworden. Jetzt lag er unter dem Sofa und nahm übel.

Weihnachten ist blöd, dachte er. Nie wieder schreib ich dem Christkind einen Brief. Die großen Menschen stapelten Pakete rund um den Tannenbaum. Es raschelte interessant, und Novalis kam unter dem Sofa hervor. Aber jetzt war es ihnen wieder nicht recht, dass er anfing auszupacken. Obwohl er das mit seinen Krallen wirklich hervorragend konnte.

„Das ist kein Kater, das ist eine Katastrophe!", sagte einer der Menschen.

Novalis verstand nicht genau, was damit gemeint war. Aber dass es nichts Freundliches war, merkte auch der dickfelligste Kater. Und Novalis war nicht besonders dickfellig.

Er ging, um bei Tina Trost zu suchen. Die Zimmertür war wieder einmal zu. Auch das noch. Und niemand reagierte auf seine empörte Beschwerde. Zur Strafe kratzte er am Spannteppich. Dann legte er sich in eine Schachtel unter dem großen gemauerten Ofen und beschloss, Weihnachten zu verschlafen. Nach Katzenart schlief er auch tatsächlich sofort ein.

Novalis wachte von Tinas Stimme auf. „Novalis ist weg. Ich find ihn nirgends", beklagte sie sich. „Ohne ihn kann man doch nicht Weihnachten feiern!"

Novalis fühlte sich verstanden, gähnte zufrieden und kam aus seinem Versteck.

„Wir lesen noch eine Weihnachtsgeschichte, bis es ganz dunkel ist", sagte einer der großen Menschen. „Komm zuhören, Novalis", rief Tina. „Geschichten sind fein."

„Na gut, weil Weihnachten ist", dachte Novalis friedfertig und legte sich neben Tina aufs Sofa.

Der Mensch mit der tiefen Stimme begann, aus einem dicken Buch vorzulesen.

Den Anfang der Geschichte versäumte Novalis, weil er versuchte, eine Fliege zu fangen. Aber dann hörte er zu. Es war alles ganz furchtbar traurig. Nirgends wollte man Josef und Maria einen Schlafplatz und was zu essen geben. Wo es doch so kalt draußen war. Novalis war nicht ganz sicher, ob mit Josef und Maria Menschen oder Katzen gemeint waren. Das machte aber auch keinen Unterschied. Nicht einmal einen Menschen durfte man bei so einem Wetter fortjagen! Er schüttelte sich bei dem Gedanken an Schnee, Kälte und Hunger.

„Seid barmherzig, lasst uns ein!", las der große Mensch.

Novalis stellte die Ohren auf. Irgendwas scharrte an der Tür. „Packt euch fort, hier ist kein Platz für euch!", las der Mensch weiter. Diesmal war das Geräusch an der Tür nicht zu überhören. „Passt ja direkt zur Geschichte", sagte der Mensch. Er legte das Buch weg und ging hinaus, um nachzuschauen.

„Seht mal, was da draußen war“, sagte der Mensch, als er wieder hereinkam. Er setzte ein struppiges, nasses Etwas auf den Fußboden, das sich zunächst einmal kräftig schüttelte und dann dreimal nieste.

Das könnte eine Katze werden, wenn es trocknet, dachte Novalis. Er ging schnuppernd näher. Das nasse Etwas nieste wieder und wich vor Novalis zurück.

„Kommst du vom Christkind?“, fragte Novalis.

„Kenn ich nicht“, sagte das Nasse. „Ich geh am besten wieder.“

„Kommt nicht infrage“, brummte Novalis. „Du bist mein Weihnachtsgeschenk!“

„Ich koche Fisch für die Katzen“, sagte der Mensch mit der hellen Stimme.

Noch ein Geschenk, staunte Novalis. Nie wieder schimpf ich auf Weihnachten!

Nach einer Weile kam der Mensch mit der hellen Stimme wieder und sagte zu dem Menschen mit der dunklen Stimme: „Hast du schon bemerkt? Im ganzen Haus kann man die Türen nicht mehr zumachen. Sie klemmen oder so was Ähnliches.“

„Also gründlich ist es. Das muss man dem Christkind wirklich lassen“, dachte Novalis.

Weihnachtsgeschenke

Rolf Krenzer

Die letzte Woche vor Weihnachten war angebrochen, und jeder steckte mitten in den Vorbereitungen für den Heiligen Abend. Mutter saß an der Nähmaschine und schneiderte etwas, was noch keiner erkennen konnte. Vielleicht einen Rock für Susi oder eine Bluse für Barbara, vielleicht aber auch ein Hemd für den kleinen Tommy, der seit Herbst den Kindergarten besucht.

Barbara strickte ohne Pause, weil der Pullover für Vater unbedingt fertig werden sollte. Und Vater war recht gewichtig, sodass viele Maschen gestrickt werden mussten. Susi bemalte Spanschachteln mit bunten Mustern. Sie hatte sich an dem kleinen Ecktisch verbarrikadiert und dicke Bücher aufrecht um sich herum aufgestellt, sodass niemand Einblick in ihre Arbeit nehmen konnte. Es sollte ja für alle eine Überraschung werden.

„Jetzt ist mein Bild für Papa fertig!", sagte plötzlich der kleine Tommy mit einem tiefen Seufzer und kletterte von dem Stuhl herunter, auf dem er über eine Viertelstunde lang eifrig am Küchentisch gemalt hatte.

„Ich habe den Papa gemalt!", rief er und schwenkte ein Stück Papier triumphierend über seinem Kopf. Er rannte zu Susi, um ihr das Kunstwerk vorzuführen. Kein Wunder, dass dabei ein paar Bücher mit lautem Krach umstürzten und Susi alle Hände voll zu tun hatte, ihren Bruder von ihren geheimen Malereien fernzuhalten.

„Das soll Papa sein!", lachte sie laut, als sie die Schmierereien auf dem Blatt erblickte, das Tommy ihr entgegenstreckte. „Das sieht ja aus wie ein Huhn!", lachte sie. „Ja, wie ein Huhn in der Mauser!"

„Das ist kein Huhn!", meinte Tommy ärgerlich und riss ihr das Blatt aus den Fingern. „Das ist Papa!"

Barbara legte ihr Strickzeug zur Seite und betrachtete sich Tommys Bild von allen Seiten. „Du hast recht!", sagte sie schließlich. „Es ist kein Huhn! Aber Papa ist es auch nicht!" Sie überlegte eine Weile und meinte dann: „Wenn nicht alles so verschmiert wäre, könnte man vielleicht dort etwas erkennen!" Sie deutete mit ihrem Finger auf den linken oberen Rand des Blattes. „Das könnte zum Beispiel eine zusammengetretene Colabüchse sein. Aber eigentlich ist alles nur Gekrakel!"

„Es ist kein Geschmiere und kein Gekrakel!", sagte Tommy leise und war ganz nahe am Weinen. „Es ist Papa!" Er zeigte mit seinem kleinen dicken Finger auf einen riesigen blauen Fleck mitten auf seinem Bild. „Und das ist Papas neue Hose!"

Die Mutter war inzwischen hereingekommen und hatte über Tommys Schulter das Bild betrachtet.

„Natürlich ist das Papa!", sagte sie und lachte. „Das sind einwandfrei seine blauen Hosen. Und so chaotisch und lustig wie das übrige, was Tommy gemalt hat, genauso ist Papa!"

„Ich sehe nichts von Papa auf diesem Bild!", stellte Barbara sachlich fest. „Noch nicht einmal einen Kopf hat er ihm gemalt!", fügte Susi hinzu.

Aber Mutter nahm ihren kleinen Jungen mit dem Bild auf den Schoß und sagte: „Er ist eben ein richtiger Künstler! Wenn er Papa so haben wollte, dass ihn jeder sogleich erkennt, dann hätte er ihn knipsen müssen. Aber wir haben schon so viele Fotos!"

Tommy nickte. Er war so glücklich darüber, dass seine Mutter ihn so gut verstand.

„Er hat den Papa von innen gemalt!", sagte sie dann. „Er hat das gemalt, was andere nicht sehen können. Was in Papas Gedanken und in seinem Herzen vor sich geht. Zum Beispiel, dass er sich sehr über seine neue blaue Hose freut! Und dass er sehr lieb ist!"

Sie drückte ihren kleinen Jungen an sich und fragte ihn lächelnd: „Stimmt's?"

„Genau!", sagte Tommy und nickte. Dann fragte er aber vorsichtig nach: „Glaubst du, dass Papa das auch gleich erkennt?"

„Bestimmt!", lachte Mutter.

„Ganz bestimmt!"

Ihr Kinderlein, kommet

Text: Christoph von Schmid – Melodie: Johann Abraham Peter Schulz

1. Ihr Kin-der-lein, kom-met, o kom-met doch all! Zur Krip-pe her kom-met in Beth-le-hems Stall. Und seht, was in die-ser hoch-hei-li-gen Nacht der Va-ter im Him-mel für Freu-de uns macht.

2. O seht in der Krippe im nächtlichen Stall,
   seht hier bei des Lichtleins hell glänzendem Strahl
   in reinlichen Windeln das himmlische Kind,
   viel schöner und holder als Engel es sind.

3. Da liegt es, das Kindlein, auf Heu und auf Stroh,
   Maria und Josef betrachten es froh;
   die redlichen Hirten knien betend davor,
   hoch oben schwebt jubelnd der Engelein Chor.

4. O beugt wie die Hirten anbetend die Knie;
   erhebet die Hände und danket wie sie!
   Stimmt freudig, ihr Kinder, wer sollt sich nicht freun,
   stimmt freudig zum Jubel der Engel mit ein!

Das Schönste an Weihnachten

Sylke Hachmeister

Pauline malte kleine Tannenbäume auf den Rand ihres Aufsatzheftes. Jetzt hatte sie schon einen ganzen Nadelwald und immer noch keine Idee für ihren Aufsatz. Was ist das Schönste an Weihnachten?, überlegte sie. Außer den Geschenken. Die waren natürlich in Wirklichkeit das Schönste, aber das konnte sie ja schlecht schreiben.

Die Geschenke! Pauline sprang auf. Der Aufsatz konnte warten. Mama und Papa waren nicht da, und Antonia lag mit Kopfhörern auf dem Bett. Das war die Gelegenheit für eine erste Suchaktion.

Es war ihr ein Rätsel, wie Mama und Papa es jedes Jahr wieder schafften, die Geschenke so gut zu verstecken, dass Pauline sie nicht finden konnte. Das Haus war klein und übersichtlich. Das merkte Pauline immer, wenn sie mit Jenny Verstecken spielte. Bei Jenny nebenan ging das viel besser als bei Pauline. Jennys Haus hatte einen Dachboden und einen Keller und eine Rumpelkammer. Bei Pauline gab es zwei Zimmer unten und zwei Zimmer oben, das war's. Ach ja, die Küche und das Bad gab es natürlich noch, aber wo sollte man da etwas verstecken? In einem Geheimfach unter den Fliesen vielleicht? Pauline ging in die Küche und klopfte den Fußboden ab. Nein, keine hohle Stelle. Also doch erst mal in die Schränke gucken.

Auf Zehenspitzen schlich sie ins Elternschlafzimmer und stellte sich vor den verspiegelten Kleiderschrank. Ihr gegenüber stand ein Mädchen mit glühend roten Wangen. Sie platzte fast vor Spannung. Wenn sie nun wirklich ihr Geschenk finden würde! Aber ... ganz oben auf ihrem Wunschzettel stand ein Fahrrad. Ein rosa Fahrrad mit Gangschaltung. Das passte nicht in den Kleiderschrank.

An zweiter Stelle kamen Schlittschuhe, weiße, wie Eiskunstläuferinnen sie tragen. Am liebsten hätte Pauline sich noch ein kurzes Röckchen dazu gewünscht, so eins, das bei den Pirouetten schön hochfliegt. Aber beides, Schlittschuhe und ein Röck-

chen, das war vielleicht ein bisschen viel auf einmal. Sie hatte trotzdem ein Bild von einer richtigen Eiskunstläuferin auf den Wunschzettel gemalt, mit Röckchen und allem Drum und Dran. Man konnte nie wissen.

Pauline kramte in den Wäschefächern, aber da war wirklich nur langweilige Wäsche. Unten im Schrank lagen ein paar Plastiktüten herum. Ob darin …? Nein, nur Schuhputzzeug, alte Lappen, eine Sammlung von Haarspangen aus der Zeit, als Mama noch lange Haare hatte. Hinten im Schrank lagen drei Rollen Geschenkpapier, aber keine Geschenke.

So komme ich nicht weiter, dachte Pauline. Es ist jedes Jahr dasselbe. Bestimmt sind die Geschenke gar nicht im Haus. Vielleicht kaufen Mama und Papa sie erst kurz vor der Bescherung?

Pauline lief zu Antonias Zimmer und riss die Tür auf. Antonia fuhr hoch. „Kannst du nicht anklopfen?", schrie sie. Sie schrie, weil sie ja Kopfhörer aufhatte und sich selbst nicht hören konnte. Sie nahm die Kopfhörer ab. Immerhin, das machte sie nicht immer, wenn Pauline etwas von ihr wollte.

„Was ist?"

„Duuu?", sagte Pauline. „Was wünschst du dir eigentlich zu Weihnachten?"

„Von dir?"

„Nee", sagte Pauline und wurde ein bisschen rot. „Von Mama und Papa."

„CDs", sagte Antonia. „Und was zum Anziehen. Wieso?"

„Weißt du schon, was ich kriege?", fragte Pauline. Es sollte beiläufig klingen, aber ihre Stimme kippelte etwas.

„Nee", sagte Antonia. „Und wenn ich's wüsste, würde ich es dir bestimmt nicht verraten. Ich bin ja kein Spielverderber." Sie wuschelte Pauline durchs Haar und setzte den Kopfhörer wieder auf. Ende der Sprechstunde.

Pauline stand eine Weile im Flur herum. Sie könnte ihren Aufsatz schreiben, aber außer Tannenbäumchen fiel ihr immer noch nichts ein. Sie zog sich ihre Schuhe an und ging nach nebenan.

„Ich wollte auch grad zu dir", sagte Jenny, als sie die Haustür aufmachte.

„Hast du deinen Aufsatz schon fertig?", fragte Pauline.

Jenny nickte.

„Und, was ist das Schönste an Weihnachten?"

„Dass mein Bruder dann aus England kommt", sagte Jenny, und sofort hatte Pauline ein schlechtes Gewissen. „Und mir ganz viele Kekse mitbringt", fügte Jenny hinzu, und da fühlte Pauline sich schon besser.

„Duuu?", sagte Pauline. „Weißt du zufällig, was ich zu Weihnachten kriege?"

„Äh … nein, wieso?", stammelte Jenny. „Wie kommst du darauf?" Dabei sah sie so ertappt aus, dass die Sache für Pauline klar war: Jenny wusste was!

Paulines Herz schlug einen Trommelwirbel. Hatten die Eltern Paulines Geschenk bei den Nachbarn versteckt? Ja, so musste es sein. Weil das Geschenk nämlich zu groß für ihr kleines Haus war. Also war es …

„Ein Fahrrad", sagte Pauline, nicht als Frage, sondern als Feststellung.

Jenny guckte sie erschrocken an. „Ich hab's dir aber nicht verraten!", sagte sie schnell.

„Ein Fahrrad!", rief Pauline. „Super! Hast du es gesehen?" Sie hatte ein seltsam leeres Gefühl im Bauch.

„Meine Mutter hatte es hinten im Auto", erzählte Jenny. „Es lag eine Decke drüber, aber das Hinterrad guckte ein bisschen raus. Na ja, ich hab sie gelöchert, und da hat sie mir gesagt, dass es für dich ist.

Als Pauline später am Nachmittag wieder nach Hause kam, versuchte sie normal auszusehen. Die ganze Zeit bis Weihnachten versuchte sie normal auszusehen und nicht wie ein Kind, das schon weiß, was es zu Weihnachten bekommt.

„Hast du was? Du bist so still", sagte Mama einmal.

„Du nervst ja gar nicht mehr rum wegen deiner Geschenke", sagte Antonia. „Ich glaub, du wirst langsam groß."

Heiligabend hatte Pauline den ganzen Tag Bauchschmerzen. Sie schloss sich im Bad ein und übte vorm Spiegel überraschte Gesichtsausdrücke. „Oh, toll, ein Fahrrad!", flüsterte sie und kam sich vor wie ein Mädchen in einer Fernsehserie.

Dann war es so weit. Pauline und Antonia wurden zur Bescherung ins Wohnzimmer gerufen. Pauline ging mit Wackelbeinen. Unterm Weihnachtsbaum lagen die bunt verpackten Geschenke, und auf jedem Geschenk klebte ein goldener Stern mit einem Namen darauf. Pauline suchte gar nicht erst nach ihrem Namen. Das Fahrrad konnte ja nicht dabei sein, das war zu groß zum Einpacken. Wahrscheinlich stand es draußen vor der Tür und wartete dort auf Pauline.

„Tatatataaa!", rief Papa und legte Pauline eine große Schachtel in die Arme. Eine rote Schachtel mit einem goldenen Stern, auf dem „Pauline" stand.

„Was ist das denn?", fragte sie verwirrt.

„Na, pack's doch mal aus!", sagte Mama.

Pauline schüttelte die Schachtel. Drinnen klirrte es ein bisschen. Hastig rupfte sie das Geschenkpapier ab und machte die Schachtel auf. Darin lagen, das sah Pauline durch zwei dicke Tränen, weiße Schlittschuhe mit blitzenden Kufen, wie Eiskunstläuferinnen sie tragen.

„Warum weinst du denn?", fragte Papa erschrocken. „Bist du enttäuscht, weil du kein Fahrrad kriegst?"

Pauline sagte nichts. Sie konnte nicht, weil sie so schluchzen musste.

„Wir wollten dir erst ein Fahrrad schenken", sagte Mama. „Weil Jenny ja auch eins bekommt. Aber wo dieses Jahr doch endlich mal der See zugefroren ist, dachten wir …"

„Sie sind so schön", sagte Pauline schniefend. „Viel schöner als ein Fahrrad."

„Und guck mal, was ich für dich hab!" Antonia holte ein Päckchen mit lauter kleinen Elchen unterm Weihnachtsbaum hervor. Es fühlte sich weich und leicht an. Mit zittrigen Händen packte Pauline es aus.

Sie sah rosa Stoff. Rosa mit weißer Spitze. Ein perfektes Pirouettenröckchen.

„Aber nicht schon wieder heulen!", sagte Antonia und zwinkerte ihr zu. Pauline wischte sich mit dem Ärmel übers Gesicht.

Das Schönste an Weihnachten, dachte Pauline glücklich, das Allerschönste ist, dass es immer anders kommt, als man denkt.

Schenken

Joachim Ringelnatz

Schenke groß oder klein,
aber immer gediegen.
Wenn die Bedachten
die Gaben wiegen,
sei Dein Gewissen rein.
Schenke herzlich
und frei.
Schenke dabei,
was in Dir wohnt
an Meinung, Geschmack
und Humor,
sodass die eigene
Freude zuvor
Dich reichlich belohnt.
Schenke mit Geist
ohne List.
Sei eingedenk,
dass Dein Geschenk
Du selber bist.

Eine jahrelange Ungerechtigkeit

Christine Nöstlinger

Der Franz ist acht Jahre und acht Monate alt. Er wohnt mit seiner Mama, seinem Papa und seinem großen Bruder, dem Josef, in der Hasengasse. Seine Freundin, die Gabi, wohnt gleich nebenan in der Wohnung. Sie ist so alt wie der Franz. Hin und wieder passiert es dem Franz, dass ihn jemand für ein Mädchen hält. Weil er blonde Ringellocken hat und einen Herzkirschenmund. Und veilchenblaue Sternenaugen. Früher hat das den Franz sehr zornig gemacht. Doch dann hat die Gabi einmal zu ihm gesagt: „Dass man dich für ein Mädchen hält, das passiert dir nur, weil du für einen Buben einfach zu schön bist."

Und da hat sich der Franz gedacht: Also, wenn das so ist, dann kann ich ja froh sein. Dabei ist der Franz überhaupt nicht eitel. Es ist für ihn nur sehr wichtig, dass ihn die Gabi schön findet. Sie hat nämlich auch einmal zum Franz gesagt: „Wirklich lieben

kann ich nur wirklich schöne Menschen." Und der Franz möchte von der Gabi wirklich geliebt werden. Aber er ist sich nie ganz sicher, ob ihn die Gabi wirklich liebt. Zu Weihnachten fährt die Gabi nämlich immer mit ihren Eltern zu ihrer Tante Anneliese. Und bei der gibt es einen Peter. Von diesem Peter erzählt die Gabi dem Franz die tollsten Sachen. Angeblich kann der Peter über eine zwei Meter hohe Mauer springen. Und beim Raufen gegen drei große Jungen gewinnen. Wunderbar singen kann er auch. Und außerdem ist er schrecklich klug und gebildet. Er weiß einfach alles.

„Wenn der Peter groß ist", sagt die Gabi oft zum Franz, „dann bekommt er unter Garantie den Nobelpreis." Aber wenigstens hat die Gabi dem Franz noch nie vorgeschwärmt, dass dieser Peter „wirklich schön" ist. Das beruhigt den Franz ein bisschen.

Trotzdem nimmt der Franz es der Gabi sehr übel, dass sie zu Weihnachten nicht daheimbleibt. Jedes Jahr will er sie dazu überreden, nicht wegzufahren. Er sagt: „So lass doch deine Eltern allein fahren. Du kannst ja bei uns schlafen und essen. Und ich spiele auch jeden Tag mit dir Friseur und Kochen."

Friseur-Spielen und Kochen-Spielen sind die Lieblingsspiele der Gabi. Und für den Franz ist es eine große Überwindung, der Gabi dieses Angebot zu machen.

Aber die Gabi ist stur und will trotzdem lieber zur Tante Anneliese und zum Peter. Gleich am letzten Schultag vor Weihnachten fahren die Gabi und ihre Eltern los. Und darum beschenken der Franz und die Gabi einander auch schon einen Tag vor dem Heiligen Abend. Sie machen das sehr feierlich. Die Gabi hat einen winzigen Puppenchristbaum aus Plastik. An dem sind noch winzigere elektrische Kerzen. Dann singt sie mit dem Franz: „Kommet, ihr Hirten, ihr Männer und Fraun ..." Und dann tauschen der Franz und die Gabi ihre Päckchen aus.

Der Franz tut immer so, als ob er sich über die Geschenke von der Gabi sehr freuen würde. Doch da muss er ziemlich mogeln. Die Gabi schenkt dem Franz nämlich immer sehr sonderbare Sachen. Vor vier Jahren hat sie ihm einen Ansteckknopf mit der Aufschrift „Kaufe nur Pfandflaschen" geschenkt. Einen mit einer verbogenen Nadel hintendran.

Vor drei Jahren hat sie ihm eine Duschhaube geschenkt. Eine mit Gummizug. Und das Gummi war schon total ausgeleiert.

Vor zwei Jahren hat sie ihm vier blecherne Quakfrösche geschenkt. Die waren auf der Bauchseite alle ganz rostig. Und voriges Jahr hat sie ihm einen Nussknacker geschenkt. Aber nicht so einen hübschen bunten Holz-Soldaten, dem man die Nüsse in den Mund schiebt. Nein, einen ganz gewöhnlichen aus Messing, mit lockerem Scharnier.

Was der Franz dieses Jahr von der Gabi bekommt, weiß er auch schon. In der Schreibtischschublade bei der Gabi hat er einen Zettel entdeckt. Auf den hatte die Gabi geschrieben, was sie wem schenken wird. Hinter PETER war noch ein großes Fragezeichen. Hinter FRANZ stand: drei Schraubenzieher.

Der Franz wüsste nicht, was er weniger brauchen könnte als drei Schraubenzieher. Er schraubt nie. Und wenn er es wollte, könnte er sich jede Menge Schraubenzieher aus dem Werkzeugkasten vom Papa borgen.

Der Franz hat den schweren Verdacht, dass die Gabi gar nie Weihnachtsgeschenke für ihn besorgt, sondern ihm bloß alten Kram schenkt, den keiner mehr braucht.

Was der Franz der Gabi dieses Jahr schenkt, muss er sich noch gut überlegen. Da gibt es in einem Schaufenster vom Papierwarengeschäft ein rosa Briefpapier mit violettem Zierrand aus Veilchengirlanden. Das bewundert die Gabi jeden Tag. So richtig auffällig tut sie es. Ganz so, als ob sie dem Franz einen Hinweis geben wollte.

Und das rote Stirnband im Schaufenster der Parfümerie gefällt ihr auch sehr gut. Das will sie sich von ihrem Taschengeld zusammensparen, hat sie gesagt.

Das Briefpapier kostet doppelt so viel wie das Stirnband. Der Franz ist sich ganz sicher, dass sich die Gabi viel mehr über das Briefpapier freuen würde als über das Stirnband.

Aber er ist sich nicht ganz sicher, ob man für jemanden, dem man bloß drei Schraubenzieher wert ist, so viel Geld ausgeben soll.

Die Mama vom Franz meint: „Sei nicht so kleinlich. Beim Schenken darf man nicht rechnen."

Der Papa vom Franz meint: „Schenk ihr lieber einen alten Hosenknopf. So ein geiziges Stück verdient nicht mehr."

An einem Tag findet der Franz, dass die Mama recht hat. An einem anderen Tag findet der Franz, dass der Papa recht hat. Je nachdem, ob die Gabi gerade lieb oder böse zu ihm ist.

Am 23. Dezember kamen der Franz und die Gabi schon um zehn Uhr aus der Schule. Vor der Wohnungstür vom Franz sagte die Gabi: „In fünf Minuten machen wir Bescherung. Komm ja nicht später. Wir fahren um elf."

Der Franz klingelte pünktlich fünf Minuten später bei der Gabi.

Unter dem Arm hatte er sein Geschenk. Das Briefpapier. Die Gabi öffnete dem Franz die Tür. Sie war total verzweifelt. „Der Puppenchristbaum ist kaputt", jammerte sie.

Der Franz sagte: „Geht ja auch ohne brennende Kerzen." Es ist doch keine Festbeleuchtung nötig, fand er, wenn man drei Schraubenzieher bekommt.

Doch die Gabi jammerte weiter, und da meinte ihre Mama: „So nimm halt echte Kerzen. Im Schrank muss noch ein Karton mit Christbaumschmuck sein." Die Gabi holte den Karton aus dem Schrank und war getröstet.

„Jetzt wird es ja noch viel feierlicher", rief sie. Sie schob den Franz ins Wohnzimmer und drückte ihn auf die Sitzbank. „Du wartest, bis ich fertig bin", sagte sie. „Damit es eine Überraschung wird."

Der Franz hockte auf der Sitzbank und wartete. Eine Minute verging, noch eine Minute verging, noch zwei Minuten vergingen und dann wieder zwei. Dem Franz wurde langweilig. Er stand auf. Er wanderte im Wohnzimmer auf und ab. Und wie er an der Kommode vorbeikam, sah er dort zwei schmale, lange Päckchen liegen. Gleich schmal, gleich lang. In Silberpapier waren sie gewickelt. Mit rotem Band waren sie verschnürt. Unter dem roten Band steckte auf jedem Paket ein Kärtchen. Auf dem einen stand FRANZ. Auf dem anderen PETER.

Der Franz dachte: Kriegt der Kerl auch drei Schraubenzieher von ihr? Um festzustellen, ob er richtig gedacht hatte, betastete der Franz das PETER-Päckchen. Er spürte in der Mitte etwas Hartes, Rundes und rechts und links davon etwas schmales Weiches. Und der Franz hörte auch etwas. Aus dem Päckchen tickte es. Das war ja nun der Gipfel! Der Franz sollte drei Schraubenzieher bekommen, und dieser Peter sollte eine Uhr bekommen!

Der Franz dachte: Jetzt gehe ich sofort mit meinem schönen Briefpapier heim. Und rede mit der Gabi mein Leben lang kein Wort mehr. Der Franz war schon auf dem Weg in den Flur, da durchzuckte ihn ein Geistesblitz. Er machte kehrt und lief zur Kommode zurück. Er zog die zwei Kärtchen unter den Bändern hervor und steckte das FRANZ-Kärtchen auf das PETER-Paket und das PETER-Kärtchen auf das FRANZ-Paket. Kaum war er damit fertig, kam die Gabi.

„Es ist so weit", rief sie, nahm das Paket mit dem FRANZ-Kärtchen und führte den Franz in ihr Zimmer. Echt feierlich sah es dort aus. Auf dem Schreibtisch lagen eine Menge glitzernde Christbaumkugeln, zwischen denen rote Kerzen flackerten. Und von der Deckenlampe schwebten Lamettafäden herunter.

Der Franz war tief beeindruckt. Er sang mit der Gabi „Kommet, ihr Hirten …" Dann überreichte er der Gabi das Briefpapier und die Gabi überreichte ihm das FRANZ-Paket.

Die Gabi riss sofort das Einwickelpapier von ihrem Geschenk. Sie hüpfte vor Freude auf einem Bein durch das Zimmer und rief dabei: „Genau dieses Papier habe ich mir gewünscht! Franz, du bist ein Schatz!" Dann sagte sie zum Franz: „So mach doch dein Geschenk auch auf."

Der Franz knüpfte die rote Schleife auf.

„Hoffentlich gefällt es dir", sagte die Gabi.

Der Franz löste den Tesa-Streifen vom Silberpapier.

„Es ist etwas sehr Praktisches", sagte die Gabi.

Der Franz wickelte das Silberpapier auf. Dabei stellte er sich so hin, dass die Gabi nicht ins geöffnete Päckchen sehen konnte.

„O Gabi!", rief er. „Du bist auch ein Schatz!"

Die Gabi hüpfte auf einem Bein zur Tür und brüllte zum Wohnzimmer hin: „Mama! Er freut sich! Du hast unrecht gehabt!"

Dann drehte sie sich zum Franz und sagte: „Meine Mama hat nämlich behauptet, dass das kein gutes Geschenk für dich ist."

Der Franz nahm die Uhr aus dem Silberpapier. Sie hatte ein rotes Armband, ein weißes Zifferblatt und darauf, statt der Ziffern, zwölf kleine rote Herzen. Eine ganz prächtige Uhr war das. Der Franz hob die Uhr hoch und rief: „Genau diese Uhr habe ich mir gewünscht!"

Die Gabi starrte auf die Uhr. Mit kugelrunden Augen und offenem Mund starrte sie.

Der Franz sagte: „Weil wir so gute Freunde sind, wissen wir eben genau, was dem anderen gefällt."

„Aber eigentlich ...", sagte die Gabi, „also eigentlich ..." Dann schwieg sie und schaute drein, als ob sie Zahnweh hätte.

„Ist was?", fragte der Franz.

Die Gabi schluckte. Schluckte einmal, schluckte zweimal, schluckte dreimal. Dann sagte sie: „Nein, nein. Gar nichts ist."

Der Franz gab der Gabi einen Kuss auf die rechte Wange und einen auf die linke. „Schöne Weihnachten noch", sagte er und lief mit seiner Herzchen-Uhr nach Hause. Ein schlechtes Gewissen hatte er nicht. Ganz im Gegenteil. Er war überzeugt, bloß eine große, jahrelange Ungerechtigkeit endlich aus der Welt geschafft zu haben.

Morgen, Kinder, wird's was geben

Text: Philipp von Bartsch – Melodie: Carl Gottlieb Hering

1. Mor - gen, Kin - der, wird's_ was_ ge - ben,
welch ein Ju - bel, welch_ ein_ Le - ben

mor - gen_ wer - den wir uns freun;
wird in_ un - serm Hau - se sein! Ein-mal wer-den

wir noch wach, hei - ßa, dann ist Weih - nachts-tag!

2. Wie wird dann die Stube glänzen
von der großen Lichterzahl!
Schöner als bei frohen Tänzen
ein geputzter Kronensaal!
Wisst ihr noch, wie vor'ges Jahr
es am Heil'gen Abend war?

3. Wisst ihr noch die Spiele, Bücher,
und das schöne Hottepferd,
schönste Kleider, wollne Tücher,
Puppenstube, Puppenherd?
Morgen strahlt der Kerzen Schein,
morgen werden wir uns freu'n!

4. Wisst ihr, wie wir Lieder sangen
unterm bunten Weihnachtsbaum?
Wie vom Turm die Glocken klangen?
Alles war uns wie im Traum.
Wisst ihr noch vom vor'gen Jahr,
wie's am Weihnachtsabend war?

Schlimm, schlimmer – Weihnachten

Bellinda

Mein Name ist Quentin, ich bin zehn Jahre alt und liebe Weihnachten. Meine Familie liebt Weihnachten auch. Trotzdem gibt es bei uns ein Sprichwort: Schlimm, schlimmer – Weihnachten. Warum das so ist? Nun, wir wissen es selbst nicht so genau, aber jedes Jahr, sobald die Adventszeit beginnt, versinkt meine Familie in vorweihnachtlichem Chaos. Unbeabsichtigt, aber regelmäßig. Deshalb führe ich dieses Jahr ein Tagebuch. Vielleicht kann ich so herausfinden, was eigentlich immer passiert, warum Papa von einer „biblischen Plage" spricht und Mama anfängt zu weinen, wenn wir „O Tannenbaum" singen.

1. Dezember

Mama hat tonnenweise Zweige vom Markt mit nach Hause gebracht. Sie will das Haus schmücken. „So richtig weihnachtlich", sagt sie. Es duftet nach Tannennadeln und Wald und mein dicker Hund Odi glaubt, er ist tatsächlich in einem solchen, und lässt sich kaum noch beruhigen. Für meine kleine Schwester Mia und mich gibt es Adventskalender. Ich brauche so etwas eigentlich nicht mehr, aber Mia meint, es wäre ungerecht, wenn ich keinen bekäme. Ich überlasse ihr großzügig die Wahl und sie nimmt den Kalender mit der Schokoladenfüllung. Für mich bleibt der mit den Glitzerbildchen über. Das finde ich okay, wer braucht schon Schokolade?

Papa kramt die erste Weihnachtsdeko hervor.

„Ein paar Schleifen und Kerzen für den Kranz. Äpfel und so für die Girlanden", sagt Mama abwesend und betrachtet Wände, Türbögen und Fenster ganz genau, um herauszufinden, was wo wie am besten anzubringen wäre.

„Mach nicht zu viel", antwortet Papa und fügt hinzu: „Das nadelt doch alles und dann gibt es wieder jede Menge zu putzen."

Mama strahlt ihn an und sagt: „Nein, nur ganz wenig. Damit etwas weihnachtlicher Glanz in unser Haus kommt."

3. Dezember

Meine Klasse soll ein Krippenspiel aufführen. Vor der ganzen Schule! Es ist eine große Ehre, dabei zu sein, und ich freue mich auf den bevorstehenden Ruhm.

4. Dezember

Heute war Rollenverteilung in der Schule. Ich spiele Hirte Nummer drei, das heißt, ich stehe die ganze Zeit auf der Bühne, darf aber nur zwei Sätze sagen. Als ich mich beschwert habe, meinte Frau Löffelstiel, meine Lehrerin, sie hätte schon ihre Gründe dafür, mir eine Rolle mit wenig Text zu geben. Ich verstehe überhaupt nicht, was sie damit sagen will.

Mama arbeitet in der Zwischenzeit immer noch am „weihnachtlichen Glanz". Das Wohnzimmer und die Küche sind schon üppig dekoriert, aber Mama hat Berge von Zweigen über, die noch angebracht werden müssen. „Schließlich habe ich die teuer gekauft" – so ihr Kommentar, während sie mein Zimmer einer eingehenden Prüfung unterzieht und entscheidet, hier würde es „an Dekoration mangeln".

Ich möchte dem gerne widersprechen. Denn im Wohnzimmer kann man den Fernseher schon nicht mehr sehen und in der Küche kaum noch Brötchen schmieren, da auf dem Küchentisch die Zweige liegen. Mama hört mir nicht zu und ich werde mittlerweile von Mia bedrängt. Sie fragt, ob denn auch der Nikolaus käme. Natürlich, antworte ich, denn wie jedes Jahr wird sich Papa als heiliger Nikolaus verkleiden, mit tiefer brummelnder Stimme von unseren Missetaten im vergangenen Jahr berichten, sich Gedichte und Lieder anhören und dann kleine Geschenke aus einem mitgebrachten Sack zaubern. Ich weiß, dass es Papa ist. Mia nicht. Sie glaubt noch felsenfest an Nikolaus, Weihnachtsmann und Christkind.

6. Dezember

Wir sitzen im Wohnzimmer. Oma und Opa sind auch gekommen. Unsere Wangen glänzen rot wie blank polierte Winteräpfel. Der Thermostat der Heizung ist kaputt, darum ist es ziemlich warm. Aber Papa hatte keine Zeit, den Techniker anzurufen, da er ja seinen Auftritt als Nikolaus vorbereiten musste.

Aus der Küche zieht der Duft von frisch gebackenen Plätzchen. Und von verbranntem Teig. Kleine Rauchwölkchen vernebeln den festlichen Glanz der guten Stube. Mama kann nämlich nicht backen. Sie kann es aber auch nicht lassen. Deshalb ähneln Zimtsterne, Pfeffernüsse und Lebkuchen bei uns immer den Kohlestückchen, die der Nikolaus den unartigen Kindern mitbringt. Wir bekommen sie einfach so. Aber wir haben Mama trotzdem lieb. Und freuen uns, dass Oma wie jedes Jahr heimlich einen Teller mit ihren Plätzchen auf den Wohnzimmertisch geschmuggelt hat. Mama fällt das nicht weiter auf. Sie überlegt, ob es den Girlanden an Licht fehlt. „Vielleicht ein paar Lichterketten hier und da", murmelt sie. Wir achten nicht darauf, denn gerade kündigt sich Papa mit lautem Gepolter und etwas albernen „Hoho"-Rufen als Nikolaus an.

Der Rest des Abends ist wie jedes Jahr. Odi gerät völlig außer sich und will den Nikolaus, also Papa, in die Waden zwicken. Er knurrt und bellt und Mias Gedicht geht dabei völlig unter. Papa versucht Odi abzuschütteln und trotzdem ernst auszusehen. Wie immer hat er vergessen, sich einen Nikolausbart zu besorgen, und sich stattdessen mit Niveacreme Watte ins Gesicht geklebt. Da es mittlerweile ungefähr 45 Grad Innentemperatur hat, löst sich die Watte langsam und fällt aus Papas Gesicht. Mia ist so lieb, ein paar der Bällchen aufzuheben und dem Nikolaus zurückzugeben. Odi frisst den Rest.

Wir singen ein Lied. Opa schnarcht dazu und Oma entsorgt heimlich Mamas Weihnachtskekse in ihrer Handtasche. Papa kämpft weiter mit der Watte und mit Odi, lobt unsere guten Taten, vergisst natürlich keine der schlechten und überreicht uns dann Geschenke. Als er gehen will, bleibt er an der enormen Girlande über dem Türbogen hängen und verliert dabei seine Bischofsmütze und den Rest des kläglichen Bartes. Mia will helfen, aber Papa ergreift die Flucht. „Nun habe ich ein Andenken an den Nikolaus", haucht meine Schwester

ergriffen und drückt die Bischofsmütze an sich. Odi nimmt die Verfolgung auf und verschwindet mit dem Nikolaus in die Nacht. Mama ist bemüht, die Girlande wieder an ihren Platz zu hängen, und ich freue mich über ein neues Gameboy-Spiel.

10. Dezember

Die Arbeit am Krippenspiel schreitet fröhlich voran. Heute habe ich versucht, ein paar zusätzliche Sätze in meinen Text einfließen zu lassen. Frau Löffelstiel hat das nicht so gut gefallen. Ich solle mich bitte an die Vorlage halten, meinte sie. Aber ich gebe mich noch nicht geschlagen und überlege, ob ich nicht einfach während der Aufführung improvisieren soll.

Mama weiß nun endlich, was ihr an der Dekoration nicht passt. Sie war wieder einkaufen und hat Lichterketten in allen Größen und Farben mit nach Hause gebracht. Papa soll beim Anbringen helfen, kann aber nicht. Er muss wie jedes Jahr die Weihnachtsfeier fürs Büro vorbereiten und soll dazu ein lustiges Gedicht auf seine Arbeitskollegen verfassen. So etwas ist eine ernste Angelegenheit und braucht Zeit, sagt er und verzieht sich in sein Arbeitszimmer.

Ich versuche in der Zwischenzeit, Mama zu überreden, meinen Schreibtisch nicht mit blinkenden Lichtern zu schmücken. „Dann kann ich meine Hausaufgaben nicht mehr sehen", sage ich in höchster Not. Nicht dass ich meine Hausaufgaben unbedingt sehen will. Aber mein Computer ist mittlerweile schon unter Tannenzweigen verschwunden und um den Schreibtisch ranken sich Mistelzweige und Ilex. Es pikt ganz gewaltig und an Spielen am Computer ist nicht mehr zu denken.

Mia hingegen freut sich über die neue Dekoration ihres Zimmers. Sie glaubt jetzt, sie wäre eine Elfe und würde im Wald leben.

13. Dezember

Die Weihnachtsfeier in Papas Büro rückt näher, aber er hat noch immer kein Gedicht. „Es verdichtet sich der Verdacht, dass ich nicht reimen kann. Ich armer Mann", murmelt er und pult sich Tannennadeln aus Haaren und Pullover. Papa sieht gar nicht gut aus. Etwas käsig um die Nasenspitze. Die Wangen eingefallen. Und ein Dreitagebart ziert sein Kinn. Wir brauchen keinen Kalender, um zu wissen, dass Weihnachten naht. So sieht Papa jedes Jahr um diese Zeit aus.

Apropos Kalender: Mia holt täglich ein wunderbares Schokoladenstückchen aus ihrem Adventskalender, während ich bunte Bildchen ansehen muss. Irgendwie finde ich das ungerecht.

15. Dezember

Mia schiebt sich mit funkelnden Augen ein weiteres Schokoladenstückchen in den Mund. „Wann kommt denn das Christkind endlich? Und der Weihnachtsmann?", fragt sie und sieht dabei sehr harmlos aus. Ich weiß es besser: Sie hat sich den gefüllten Adventskalender ergaunert und führt mir nun täglich vor, wie dumm ich doch war, sie auswählen zu lassen.

„Gibst du mir ein Stückchen Schokolade ab?", frage ich.

Mias kugelrunde Kinderaugen verengen sich zu Schlitzen, aus denen die Gier blitzt. „Das ist mein Kalender", antwortet sie so bockig, wie es nur eine fünfjährige kleine Schwester kann.

„Und den Weihnachtsmann gibt's überhaupt nicht. Das Christkind auch nicht", antworte ich so triumphierend, wie es nur ein zehnjähriger älterer Bruder kann.

Mias Augen weiten sich. „Dafür bringen dir die beiden keine Geschenke! Wirst schon sehen!", stößt sie hervor und lässt mich mit meiner Überlegenheit einfach stehen. In ihrer Stimme schwingt so viel Überzeugung mit, dass ich für einen kurzen Moment ins Grübeln gerate. Was, wenn es Weihnachtsmann und Christkind doch gibt?

17. Dezember

Mama hat mit ihren Lichterketten das Stromnetz überlastet, jetzt sitzen wir im Dunkeln. Aber dafür kann sie nun auch nicht mehr backen und die Temperatur im Haus ist auf erträgliche 30 Grad gesunken. So hat alles sein Gutes.

Papa irrt durch die Zimmer, auf der Suche nach einem Gedicht. Wir hören Sätze wie: „Kann nicht reimen, kann nicht dichten, wann wird der Nebel sich wohl lichten?" Wir wissen nicht, von welchem Nebel er spricht, aber zwischendurch murmelt er auch etwas von „Kündigung" und besagter „biblischer Plage". Weihnachten ist nicht mehr weit.

Ich habe in der Zwischenzeit Mias Adventskalender geplündert. Sie droht nun mit einem Brief an Christkind und Co. Ich antworte mit „Du kannst doch überhaupt nicht schreiben", bin aber doch irgendwie verunsichert.

19. Dezember

Die Fronten verhärten sich. Mia spricht nicht mehr mit mir. Mama scheucht einen Elektriker durchs Haus, auf der Suche nach der Lichterkette, die unser Stromnetz

immer wieder zum Erliegen bringt. Der Elektriker hat vorsichtig darauf hingewiesen, dass es einfach zu viele Lichterketten seien, aber Mama hat diesen Einwurf nicht gelten lassen. Dann ist der Elektriker kurzfristig in meinem Zimmer zwischen Girlanden und besagten Lichterketten verloren gegangen, aber wir konnten ihn schließlich wieder befreien und nun arbeitet der gute Mann eifrig weiter.

In all dem Trubel findet Mama noch Zeit, mein Hirtenkostüm zu nähen. Stundenlang muss ich anprobieren und Mama dreht und wendet mich wie einen ihrer Tannensträuße, die überall aufgestellt sind. Sie pikt mich mit den Nadeln und schielt dabei immer wieder zu dem Elektriker, ob der auch wirklich arbeitet. Schließlich meint sie, eine Art Besatz aus Tannengirlanden und ein Hut aus Mistelzweigen würden gut zu meinem Kostüm passen. Ich kann gerade noch verhindern, dass ich in eine Lichterkette eingewickelt werde, dann ergreife ich die Flucht.

20. Dezember

Endlich schneit es! Leise rieselt der Schnee vom Himmel und setzt sich sanft und leicht auf Büsche, Bäume und Wiese. Es ist wunderschön.

Der Elektriker ist immer noch im Haus. Mama verteidigt jede ihrer Lichterketten mit ihrem Leben und im Haus ist die Temperatur auf normale 19 Grad gesunken.

21. Dezember

Es schneit immer noch. Dicke Flocken fallen aus dem grauen Himmel. Unsere Einfahrt ist mittlerweile zugeschneit, aber weder Mama noch Papa haben Zeit, den Schnee zu räumen. Ich schaffe es mit knapper Müh und Not auf die Straße zum Schulbus.

In der Schule war heute Generalprobe. Ich kam gerade noch rechtzeitig, um die eingenähten Lichterketten aus meinem Kostüm zu trennen. Frau Löffelstiel hat mich einmal mehr darauf hingewiesen, dass ich nur zwei Sätze zu sagen hätte und bitte nicht selbst dichten solle.

„In unserer Familie kann keiner dichten. Das liegt am Nebel", antwortete ich reflexartig. Frau Löffelstiel hat mich etwas seltsam angesehen.

Am Nachmittag wäre ich gerne mit Mia Schlitten fahren gegangen. Aber sie spricht ja nicht mehr mit mir. Und dann mussten wir ohnehin Odi suchen. Er war bei der Garage in eine Schneewehe geraten.

22. Dezember

Papa ist ins Büro gefahren – mit dem Bus. Sein Blick war etwas wirr und an seinem Kragen klebten Reste von verbrannten Plätzchen und Tannennadeln. Mama hat den

Elektriker im Wohnzimmer eingeschlossen und leicht patzig darauf hingewiesen, dass sie ihn erst herauslassen würde, wenn er den Defekt im Stromnetz repariert hätte. Jetzt sitzt der arme Mann zwischen Tannenzweigen auf dem Sofa und singt Weihnachtslieder. Odi jault dazu.

Ach ja, und am Nachmittag war die Aufführung des Krippenspiels. Mama und Mia haben zugesehen. Ich bin ziemlich nervös gewesen, und als ich endlich mit meinem Text dran war, wusste ich nicht mehr, was ich sagen sollte. In dem Moment fiel mir ein, dass mir das bei Schulaufführungen immer so geht und dass ich deshalb nur wenig Text bekomme. Nächstes Jahr werde ich daran denken. Ganz bestimmt.

24. Dezember

Papa ist wieder zu Hause. Endlich. Und es geht ihm auch relativ gut. Weil so viel Schnee gefallen ist, hat er es nämlich nicht ins Büro geschafft und ist darum wieder umgekehrt. Allerdings war kein Durchkommen mehr zu unserem Haus. Zum Glück hat der Elektriker zur gleichen Zeit einen Fluchtversuch unternommen und dazu einen Tunnel durch den Schnee zur Straße hinaus gegraben. Dort hat er dann Papa gefunden. Wir haben ihn schnellstens ins Haus gebracht. Papa. Den Elektriker auch. Mama hat darauf bestanden.

Nun sitzen wir alle in der Küche und frieren bei fünf Grad Innentemperatur. Wir haben keinen Christbaum, keinen Weihnachtsschmaus – und Geschenke wird's wohl auch nicht geben dieses Jahr. Mama und Papa hatten ja keine Zeit, welche zu kaufen. Wir sind alle den Tränen nah und Papa murmelt: „Schlimm, schlimmer – Weihnachten."

„Vielleicht wird es zumindest ein wenig wärmer, wenn wir ein Feuer anmachen?", wirft Mama fröstelnd ein.

Wir finden die Idee prima, aber es hakt an der Ausführung: Wir haben keinen offenen Kamin.

„Ein paar Kerzen bringen auch Wärme", flüstert Papa und macht sich am Adventskranz zu schaffen.

Es ist eine zündende Idee im wahrsten Sinne des Wortes. Ein kurzes „Wosch" und Sekunden später steht der Kranz in Flammen. Wohlige Wärme verbreitet sich, während der Küchentisch abbrennt. Odi ergreift jaulend die Flucht und Papa reißt ein Fenster auf. Der hereinwirbelnde Schnee löscht das Feuer im Nu. Jetzt ist es nicht nur kalt, sondern auch eisglatt in der Küche.

Traurig beschließen wir ins Bett zu gehen. Da hören wir leise Glöckchen klingen. Und aus dem Wohnzimmer dringt merkwürdiger Glanz. Mama sieht den Elektriker misstrauisch an, der zuckt nur mit den Schultern. Odi knurrt, aber Mia wischt sich die Tränen von den Wangen und haucht ergriffen: „Das Christkind war da!"

Ich bin skeptisch, folge den anderen aber ins Wohnzimmer. Und tatsächlich: Da steht ein geschmückter Weihnachtsbaum und darunter liegen Geschenke in buntem, glitzerndem Papier! Oma und Opa bestaunen das Weihnachtswunder, beharren aber darauf, dass sie nichts damit zu tun haben. Sie hätten Punsch und Plätzchen gebracht und den Weihnachtsbraten – wie jedes Jahr –, nicht aber den Baum und auch nicht die vielen Geschenke. Und reingekommen wären sie durch den Tunnel vor dem Haus.

Wir bleiben verwundert, aber trotzdem kommt nun endlich Weihnachtsstimmung auf. Wir fassen uns an den Händen, singen „O Tannenbaum" und stürzen uns dann auf die Geschenke. Für Wärme sorgen die Tannengirlanden, die wir sorgfältig bewacht in der Mitte des Wohnzimmers verbrennen, und Mama wünscht sogar dem Elektriker unter Tränen „Frohe Weihnachten!". Der freut sich und macht ihr Komplimente zu ihrer schönen Weihnachtsdekoration. Odi wühlt sich durch das Papier und ich versöhne mich mit Mia.

So ist es dann doch noch ein schönes Weihnachtsfest geworden.

O Tannenbaum

Text: Joachim August Zarnack und Ernst Anschütz – Melodie: Volksweise

1. O Tan-nen-baum, o Tan-nen-baum, wie treu sind dei - ne Blät - ter! Du grünst nicht nur zur Som - mer - zeit, nein, auch im Win - ter, wenn es schneit. O Tan-nen-baum, o Tan-nen-baum, wie treu sind dei - ne Blät - ter!

2. O Tannenbaum, o Tannenbaum,
   du kannst mir sehr gefallen.
   Wie oft hat nicht zur Weihnachtszeit
   ein Baum von dir mich hoch erfreut.
   O Tannenbaum, o Tannenbaum,
   du kannst mir sehr gefallen.

3. O Tannenbaum, o Tannenbaum,
   dein Kleid will mich was lehren:
   Die Hoffnung und Beständigkeit
   gibt Kraft und Trost zu jeder Zeit.
   O Tannenbaum, o Tannenbaum,
   dein Kleid will mich was lehren.

Der Traum

August Heinrich Hoffmann von Fallersleben

Ich lag und schlief; da träumte mir
ein wunderschöner Traum:
Es stand auf unserm Tisch vor mir
ein hoher Weihnachtsbaum.

Und bunte Lichter ohne Zahl,
die brannten ringsumher;
die Zweige waren allzumal
von goldnen Äpfeln schwer.

Und Zuckerpuppen hingen dran;
das war mal eine Pracht!
Da gab's, was ich nur wünschen kann
und was mir Freude macht.

Und als ich nach dem Baume sah
und ganz verwundert stand –
nach einem Apfel griff ich da,
und alles, alles schwand.

Da wacht ich auf aus meinem Traum,
und dunkel war's um mich.
Du lieber, schöner Weihnachtsbaum,
sag an, wo find ich dich?

Da war es just, als rief er mir:
„Du darfst nur artig sein;
dann steh ich wiederum vor dir;
jetzt aber schlaf nur ein!

Und wenn du folgst und artig bist,
dann ist erfüllt dein Traum,
dann bringet dir der Heil'ge Christ
den schönsten Weihnachtsbaum."

Ted Bär

Katharina Mauder

Ted Bär gähnte ausgiebig und streckte sich. Das war ein gutes Nickerchen gewesen! Bestimmt ein paar Wochen – oder sogar Monate? Der Stoffbär reckte neugierig seinen Kopf in die Höhe, um aus dem Dachbodenfenster blicken zu können. Es dämmerte schon, und er kniff seine alten Augen zusammen. Im Schein der Straßenlaterne konnte er etwas erkennen. Ja, waren das nicht …? Doch, Ted war sich sicher … – Schneeflocken! Leise setzten sie sich auf die Fensterscheibe und kuschelten sich aneinander, dicht an dicht an dicht, bis Ted das Licht der Laterne nur noch als sanften Schimmer durch eine weichweiße Schneeschicht sehen konnte.

Der Stoffbär seufzte wehmütig. Es war also bereits Winter. Und aus dem köstlichen Duft zu schließen, der vom Haus her bis hoch auf den Dachboden wehte, konnte es wohl nicht mehr lange dauern, bis Weihnachten war … „Ach ja", seufzte Ted noch einmal. „Weihnachten …"

„Was Sie nur wieder für ein Gesicht ziehen, verehrter Herr Bär. Als hätten Sie in Ihrem Pelz ein Dutzend grauer Haare entdeckt, wenn Sie mir die Feststellung erlauben mögen", knarzte es auf einmal neben Ted.

„Tut mir leid", murmelte er in Richtung des alten Holzbaggers Herr von Grubingen. „Nur weil doch bald Weihnachten ist …", versuchte Ted zu erklären.

„Oh, jetzt, wo Sie es sagen", quietschte Herr von Grubingen. „Es muss durchaus in Kürze wieder so weit sein. Meine Bagger-

schaufel knarzt zu meiner Schande ganz fürchterlich, wie immer, wenn der Dachboden in der Winterkälte so zugig wird."

Ted nickte gedankenverloren. Welches Jahr es wohl mittlerweile sein mochte? Hmm … es mussten auf jeden Fall mehr als 70 Weihnachten vergangen sein, seit er selbst an Heiligabend verschenkt worden war. An ein kleines Mädchen – Antonia. Hach, wie sie gestrahlt und ihn an sich gedrückt hatte! Ted fühlte sich federleicht und bekam ganz feuchte Augen, als er daran dachte. Damals war er noch Teddy gewesen – nagelneu und niedlich und stolz darauf, wie kuschelig er doch war. Und Antonia hatte ihn so sehr geliebt, dass das Fell auf seiner Nase und seinem Hinterkopf ganz dünn geworden war vom vielen Knuddeln und Küssen.

Doch dann … Ted ließ den Kopf hängen, als er sich erinnerte, wie Antonia über die Jahre immer weniger für ihn gelacht hatte. Das Knuddeln und Küssen hatte nachgelassen, bis Ted in eine Kiste geworfen wurde und schließlich hier oben gelandet war: auf einem verstaubten Regal mit ausgedienten Spielsachen in der hintersten Ecke des Dachbodens. Schrecklich!

Während Ted daran dachte, verflog das leichte Gefühl, das er eben noch gehabt hatte. Nun fühlte er sich so schwer, als wären Steine in seinen Bauch genäht worden. – Ach, was würde er nur dafür geben, noch einmal von einem Kind geliebt zu werden. Noch einmal solch strahlende Augen zu sehen …

„Aber Verehrtester, immer diese traurige Miene!", riss Herr von Grubingen Ted aus seinen Gedanken. „Ich vertrete ja die Meinung, dass wir es trotz der Kälte in der Tat sehr gut getroffen haben. Schließlich sind wir nicht auf dem Müll gelandet, sondern hier. Und das, obwohl, wenn Sie es gestatten, ein Bär mit beginnender Glatze und ein knarzender Bagger mit holperndem Rad ja ohnehin nicht mehr als Spielzeug für ein Kind taugen. Da kann man nichts machen."

„Doch!"

„Wie meinen?"

„Doch, man kann etwas machen!" Das steinschwere Gefühl in Teds Bauch zerbröckelte auf einmal und machte einem feinen Kribbeln Platz. Dieses hatte der Stoffbär lange nicht mehr gespürt, und er konnte gar nicht anders, als zu lächeln. Er hatte nie darüber nachgedacht, dass er ja vielleicht etwas an seiner Lage ändern könnte. Doch nun war er sich plötzlich sicher: „Ich suche mir ein Kind, das mich liebt!"

„Sind Sie womöglich übergeschnappt? Das ist doch gefährlich! Ich will gar nicht daran denken!" Herr von Grubingen hob und senkte seine Baggerschaufel zweimal, um dem Gesagten Nachdruck zu verleihen.

„Das ist mir egal! Alles ist besser als dieses staubige Regalbrett. Und schließlich ist bald Weihnachten. Da ist alles möglich!", rief Ted voller Begeisterung.

„Nun bin ich mir recht sicher, dass Sie den Verstand verloren haben, Herr Bär."

„Ja, kann sein, aber wenn, dann ist der bestimmt nicht mehr auf diesem Dachboden zu finden", sagte Ted entschlossen und begann, sich an den Rand des Regals vorzuruckeln.

„Aber, so warten Sie doch auf mich", brummte Herr von Grubingen leise.

„Wollen Sie etwa mit mir kommen?", rief Ted überrascht.

„Na, mit wem soll ich denn gepflegte Unterhaltung führen, wenn Sie nicht mehr da sind? Mit dem Puppengeschirr etwa?", fragte der Bagger, und ein kleines Schmunzeln huschte über sein Gesicht. „Und schließlich muss ja jemand auf Sie aufpassen, wenn Sie doch den Verstand verloren haben."

„Da haben Sie allerdings recht", strahlte Ted, und das Kribbeln in seinem Bauch fühlte sich nun an wie eine ganze Zinnsoldatenarmee. „Ich bin so froh, dass Sie mitkommen, Herr von Grubingen. Aber ich hätte es wissen müssen: An Weihnachten halten Freunde schließlich zusammen!"

„Ach, Sie und Ihr Weihnachten!", winkte der Bagger mit seiner Schaufel ab. „Nun

lassen Sie uns lieber einmal zusehen, dass wir diesen Irrsinn ohne Achsenbruch überstehen."

„Ich werde zuerst springen. Dann können Sie mich als Stoßdämpfer benutzen", schlug Ted vor.

„Sind Sie sicher?", zögerte Herr von Grubingen.

„Na klar, bei Ihnen kann doch alles Mögliche kaputtgehen. Aber was soll mir schon passieren? Ich mag zwar alt sein, aber weich bin ich immer noch", zwinkerte er dem Holzbagger zu und schob sich im nächsten Moment über die Regalbrettkante.

Huuuuuiiiiii, plong! – „Jetzt Sie!"

„Also ich weiß nicht …", murmelte der Bagger zögerlich.

„Sie können natürlich auch hierbleiben und schauen, ob Sie nicht irgendwann am Regal festfrieren …"

HUUUUUUUUUUIIIIII, PLACKADONKZ!!

„Autsch!"

„Oje, Herr Bär!" Hastig rollte Herr von Grubingen von seinem am Boden liegenden Freund. „Sind Sie in Ordnung? Ich wusste, dass das keine gute Idee ist!"

„Alles klar, keine Sorge", krächzte Ted.

„Nun gut, in Ordnung … Na, dann halten Sie sich mal gut an mir fest. Wenn wir auf Ihr Vorwärtsgeruckel warten müssen, hätten wir ja auch noch ein paar Jahre auf un-

serem Regal verweilen können", rief Herr von Grubingen plötzlich voller Taten-
drang.

Und schon ging es los – *klockedock, klockedock* – quer durch den Raum. Das halb ka-
putte Rad des Baggers machte die Fahrt zwar etwas holprig, aber trotzdem waren sie
viel schneller, als Ted alleine gewesen wäre. Und so dauerte es gar nicht lange, bis sie
an der Luke des Dachbodens ankamen.

„So, wie lautet denn Ihr Plan, werter Herr Bär?", knarzte Herr von Grubingen.

„Ähm", murmelte Ted. „Klar ... also, wir müssen nur ..."

„Mir dünkt, Sie haben diese Unternehmung nicht völlig durchdacht", räusperte sich
der Bagger, und Ted blickte verlegen zu Boden. War das etwa schon das Ende ihres
Abenteuers?

„Hmm, die Luke ist leider überaus schwer. Aber ich denke, es könnte vielleicht
glücken, wenn ich meine Schaufel unter den Rand schiebe", überlegte Herr von
Grubingen laut.

„Aber natürlich! Sie sind ja so stark! Ja, ja, versuchen Sie es, versuchen Sie es!", rief
Ted aufgeregt.

Herr von Grubingen streckte sich und hob und senkte seine Schaufel, um sich warm
zu machen, dann setzte er sie an dem kleinen Spalt im Boden an.

Ted hielt die Luft an und starrte wie gebannt auf die Luke.

Da begann Herr von Grubingen zu knarzen und zu quietschen, wie Ted es noch nie
gehört hatte. *KNIIIRRZARRAAAAAARTZ!* Aber immerhin ... die Luke bewegte sich
langsam. Sie öffnete sich! Juhuu, es funktionierte! Ted wäre Herrn von Grubingen
am liebsten um den Hals ... oder den Baggerarm gefallen, und die kleine Zinnsoldatenarmee im Bauch des Stoffbären schien vor Freude Wiener Walzer zu tanzen.

Doch auf einmal stockte die Luke, und das Knarzen des Baggers wurde immer
schlimmer.

„Ich brauche ... Ihre ... Hilfe ..., gleich ... rutsche ich weg ...", presste er hervor.

So schnell Ted nur konnte, eilte er zu Herrn von Grubingen und stemmte sich mit
Leibeskräften gegen das Heck des Baggers. Und tatsächlich – die Luke öffnete sich
weiter. Stückchen um Stückchen ... Doch plötzlich, als der Spalt
groß genug war, sausten Herr von Grubingen und der schie-
bende Ted nach vorne. Sie fielen durch die Dachboden-
luke, die sich über ihnen mit einem ohrenbetäubenden
Knall wieder schloss. Sie fielen und fielen, bis ...

„Aua!"

„Autsch, tat das weh!"

„Meine arme, arme Achse …"

„Oje, Herr von Grubingen, wie geht es Ihnen? Ist etwas gebrochen?", fragte Ted bestürzt. Doch bevor er richtig nach dem Bagger sehen konnte, spürte er, wie sich etwas in sein Fell bohrte. Ted wurde angehoben und weggetragen.

„Nein, Herr von Grubingen braucht Hilfe! Loslassen!", schrie er immer wieder, erhielt aber keinerlei Reaktion. Er strampelte und zappelte, aber der Griff um seinen Bauch wurde kein bisschen lockerer. Da fühlte Ted sich so hilflos, dass er am liebsten geweint hätte. Er hatte doch nur ein Kind finden wollen, das ihn liebte. Und nun war sein einziger Freund verletzt und ganz allein zurückgeblieben.

„Fido, was hast du da wieder angeschleppt?", hörte er in dem Moment eine Stimme fragen, und er spürte, wie sich der Griff um seine Mitte lockerte.

„Ach, Fidolein, woher hast du denn so ein altes Stofftier?", fragte die Stimme jetzt. Dann wurde Ted von sanften Händen hochgenommen, und er blickte in das Gesicht einer sehr, sehr alten Dame.

„Aber ist das nicht … kann es wirklich …? Teddy?", rief die alte Frau, und ihre Augen begannen zu glänzen wie die eines Kindes. Da erkannte auch Ted seine Antonia wieder, die ihn nun knuddelte und küsste und an sich drückte. Er wusste kaum noch, was er denken sollte – Antonia mit ihren strahlenden Kinderaugen und Fido, und wo war Herr von Grubingen? Das war einfach zu viel!

„Uuur-Omama, U-Oma spielen", rief da eine andere Stimme, und Ted sah, dass sie zu einem kleinen Kind gehörte, das gerade in dicken Windeln in den Raum gestapft kam.

„Anton, mein Schatz!", strahlte Antonia. „Schau mal, was Fido gefunden hat. Das war mein Teddy, als ich jung war. Er muss wohl irgendwo auf dem Dachboden gewesen sein, nur wie Fido an ihn herangekommen ist, ist mir wirklich ein Rätsel", sprudelte es aus der alten Dame heraus, während sie über den Arm des Stoffbären streichelte. „Ich hatte Teddy schon völlig vergessen, und jetzt ist er einfach wieder da. Ist das nicht eine wundervolle Weihnachtsüberraschung?!"

„Teddy! Anton, Teddy!", rief das Kind fröhlich und streckte seine Hände nach dem Bären aus.

„Ja, gefällt er dir?", fragte sie und legte Ted vorsichtig in die Arme des kleinen Jungen. „Von Uroma zu Urenkel, ja, das scheint mir ein wahrhaft würdiges Weihnachtsgeschenk. Aber pass bloß gut auf meinen Teddy auf!", lächelte sie.

Da lachte der kleine Anton fröhlich auf und begann aufgeregt, wieder aus dem Zimmer zu tapsen. Ted schleifte er auf dem Boden hinter sich her.

„Anton, Teddy, Anton, Teddy!"

Oje, bald würde Teds Hinterkopf garantiert noch viel kahler sein! Doch trotz der wenig bequemen Fortbewegungsart begann sich so langsam ein warmes Gefühl in seinem Bauch breitzumachen. Er hatte ein Kind gefunden! Aber irgendetwas …

Klockedock, klockedock … – Nanu?! Das Geräusch kannte Ted doch!

„Herr von Grubingen! Ich dachte, ich würde Sie nie wiedersehen. Wie geht es Ihnen? Hatten Sie einen Achsenbruch?", sprudelte es aus Ted heraus, während er sich den

Kopf nach seinem Freund verdrehte und zwischen Sorge und Freude hin- und hergerissen war.

„Leider wurde noch eines meiner wundervollen Räder beschädigt. Wirklich misslich, in der Tat. Aber durchaus besser als die Achse", erklärte Herr von Grubingen sachlich. Dann hielt er inne und lächelte seinen Freund erleichtert und voller Freude über das Wiedersehen an.

„Bagger! Anton, Bagger!"

„Ach Herrjemine!"

Da musste Ted schmunzeln. Und in seinem Bauch breitete sich eine Wärme aus, dass er fast das Gefühl hatte, seine Nähte könnten platzen vor lauter Glück. Sie hatten tatsächlich ein Kind gefunden, dass sie liebte, so wie sie waren.

„Sehen Sie, Herr von Grubingen, an Weihnachten ist alles möglich!"

Vom Christkind

Anna Ritter

Denkt euch, ich habe das Christkind gesehen!
Es kam aus dem Walde, das Mützchen voll Schnee,
mit rot gefrorenem Näschen.
Die kleinen Hände taten ihm weh,
denn es trug einen Sack, der war gar schwer,
schleppte und polterte hinter ihm her.

Was drin war, möchtet ihr wissen?
Ihr Naseweise, ihr Schelmenpack –
denkt ihr, er wäre offen, der Sack?
Zugebunden bis oben hin!
Doch war gewiss etwas Schönes drin!
Es roch so nach Äpfeln und Nüssen!

Annes Weihnachtszug

Maja von Vogel

Da kommt der Zug!", ruft Anne und schnappt sich ihren Rucksack. Papa nimmt den Koffer und Mama den Proviantkorb und die Tasche mit den Weihnachtsgeschenken. Auf dem Bahnsteig ist es gerammelt voll.

„Wollen die etwa alle in unseren Zug?", fragt Mama und seufzt. „Vielleicht hätten wir doch das Auto nehmen sollen."

Aber Anne findet es prima, dass sie mit dem Zug zu Oma fahren. Das ist viel spannender, als die ganze Zeit im Auto zu sitzen. Noch besser findet sie allerdings, dass heute Weihnachten ist. Oma hat ihr versprochen, dass sie nachher mit ihr zusammen den Weihnachtsbaum schmücken darf. Und dann gibt es auch noch Geschenke!

„Müssen die Leute so drängeln?", schimpft eine alte Frau mit lila Haaren. „Eine Zumutung ist das!"

„Gib mir deine Hand", sagt Mama zu Anne. „Damit wir uns im Gedränge nicht verlieren."

Der Zug hält, und die Türen öffnen sich. Ein paar Leute steigen aus, und ganz viele wollen einsteigen. Alle haben Taschen, Koffer und Geschenke dabei. Anne schiebt sich neben Mama vorwärts. Endlich können sie einsteigen, doch dann geht es nicht mehr weiter. Der Gang ist vollgestopft mit Fahrgästen und Gepäck. Die Plätze in den Abteilen sind alle besetzt.

„Lassen Sie mich durch!", ruft die Frau mit den lila Haaren. „Ich habe reserviert!"

Komisch, denkt Anne. Gerade hat sie noch über die Drängler geschimpft und jetzt drängelt sie selbst.

„Ich glaube, wir müssen erst mal hier bleiben", sagt Papa und stellt den Koffer im Gang ab. „Vielleicht finden wir ja später noch Sitzplätze."

Während der Zug langsam anfährt, setzt sich Anne auf den Koffer und betrachtet die Leute. Die meisten sehen ziemlich genervt aus. Eine Frau schimpft am Handy auf den überfüllten Zug. Ein Mann beschwert sich, weil er nicht zum Speisewagen durchkommt. Die Frau mit den lila Haaren ist inzwischen bei ihrem Abteil angelangt.

„Das ist mein Platz", sagt sie zu einem Jungen und wedelt mit ihrer Fahrkarte.

Der Junge setzt sich neben Anne auf den Gang. Er grinst Anne zu, und Anne grinst zurück. Der Junge holt eine Gitarre heraus und klimpert darauf herum. Anne summt ein bisschen mit. Sie findet es eigentlich ganz gemütlich hier. Außerdem freut sie sich auf Heiligabend bei Oma. Ob die anderen Fahrgäste vielleicht gar nicht wissen, dass heute Weihnachten ist?

Mama gibt Anne ein Stück Lebkuchen aus dem Proviantkorb. Anne kaut genüsslich und schaut sich die verschneite Landschaft an, die vor dem Fenster vorbeirast. Der Zug fährt ganz schön schnell. Aber was ist das? Auf einmal wird er immer langsamer und langsamer, bis er schließlich stehen bleibt – mitten auf einem weiten, weißen Schneefeld.

„Was ist denn jetzt schon wieder los?", stöhnt die Frau mit dem Handy.

Auch die anderen Fahrgäste schimpfen oder schütteln ärgerlich die Köpfe.

Da kommt eine Durchsage: „Verehrte Fahrgäste! Die Weiterfahrt unseres Zuges verzögert sich wegen eines technischen Defekts um wenige Minuten. Wir bitten um Ihr Verständnis."

„Eine Unverschämtheit!", hört Anne die Frau mit den lila Haaren aus ihrem Abteil rufen.

„Was ist ein technischer Defekt?", fragt Anne.

„Das bedeutet, dass etwas am Zug kaputt ist", erklärt Papa. „Aber das ist bestimmt schnell wieder repariert."

Doch fünf Minuten später steht der Zug immer noch. Auch nach zehn Minuten ist noch nichts passiert.

„Na super, jetzt verpasse ich meinen Anschlusszug!", meckert die Handy-Frau.

Der Mann neben ihr schimpft: „Und weit und breit kein Schaffner in Sicht, der einem sagt, was los ist – typisch!"

„Hoffentlch schmückt Oma jetzt nicht ohne mich den Baum", sagt Anne. „Wenn der Zug nicht weiterfährt, müssen wir dann hier Weihnachten feiern?"

Bei dem Gedanken spürt Anne einen Kloß im Hals. Weihnachten ohne Weihnachtsbaum und Weihnachtsessen, stattdessen mit lauter schlecht gelaunten Leuten – das stellt sich Anne lieber nicht vor. Außerdem wäre Oma dann ganz alleine.

„Keine Angst, der Zug fährt bestimmt bald weiter. Und Oma sage ich Bescheid, dass wir später kommen", beruhigt Papa sie und holt sein Handy heraus.

Annes Magen knurrt. „Kann ich noch ein Plätzchen haben?", fragt sie Mama.

Mama holt die Dose mit den Weihnachtskeksen aus dem Proviantkorb. Als sie den Deckel öffnet, schnuppert Anne. Hmm, das riecht lecker! Nach Lebkuchen, Zimtsternen und Spekulatius. Der Junge mit der Gitarre, der neben Anne sitzt, schnuppert auch.

„Willst du einen Keks?", fragt Anne und hält ihm die Dose hin .

„Gerne", sagt der Junge und greift in die Dose. „Ich heiße übrigens Benni."

„Ich bin Anne", sagt Anne. „Kannst du auch Weihnachtslieder auf der Gitarre spielen?"

Benni zuckt mit den Schultern. „Keine Ahnung. Ich kann's ja mal probieren."

Dann spielt er die ersten Akkorde von ‚Stille Nacht, heilige Nacht'. Anne singt mit, aber nur ganz leise.

Als das Lied zu Ende ist, lächelt ihr die Handy-Frau zu. „Das klingt aber hübsch. Sing doch noch ein Lied!" Ein paar von den anderen Fahrgästen lächeln ebenfalls und nicken.

„Aber nur, wenn Benni auch mitsingt", sagt Anne und wird ein bisschen rot, weil alle sie anschauen.

Benni stimmt ‚Alle Jahre wieder' an und singt mit Anne alle drei Strophen. Als sie fertig sind, klatschen ein paar Leute.

„Könnt ihr auch ‚Vom Himmel hoch, da komm ich her'?", fragt der Mann, der vorhin noch in den Speisesaal wollte. „Das mag ich besonders gern."

Jetzt wünschen sich auch noch andere Fahrgäste Lieder. Benni und Anne singen ein Lied nach dem anderen. Bald singen auch Mama und Papa mit – und die Frau mit dem Handy. Das klingt schon fast wie ein richtiger Chor, findet Anne.

Da schallt plötzlich aus einem Abteil eine laute Stimme, die alle anderen fast übertönt. Die Frau mit den lila Haaren erscheint in der Tür und singt ‚O Tannenbaum' mit. Anne staunt. Die Frau klingt wie eine richtige Opernsängerin. Nach dem Lied klatschen alle.

Die Frau lächelt und winkt ab. „Es ist Jahre her, dass ich zum letzten Mal gesungen habe", sagt sie. „Ein Weihnachtskonzert im Zug – was für eine nette Idee!"

„Möchten Sie vielleicht einen Zimtstern?", fragt Anne, und die Keksdose macht noch einmal die Runde.

Plötzlich geht ein Ruck durch den Waggon, und der Zug setzt sich langsam wieder in Bewegung. Die Fahrgäste jubeln und klatschen. Endlich geht es weiter!

„Na also", sagt die Frau mit dem Handy. „Sieht ganz so aus, als könnten wir Heiligabend nun doch zu Hause verbringen."

Anne ist erleichtert. Sie freut sich schon auf Oma.

Draußen ist es inzwischen dunkel geworden. Als Anne aus dem Fenster schaut, fängt es an zu schneien. Der Schnee leuchtet weiß in der Dunkelheit. Da stimmt Benni ein neues Lied an, und alle singen mit: ‚Schneeflöckchen, Weißröckchen, wann kommst du geschneit …'. Die restliche Fahrt vergeht wie im Flug. Plötzlich sagt Papa: „Packt schon mal eure Sachen zusammen. Beim nächsten Bahnhof müssen wir aussteigen."

Anne springt auf. Gleich sind sie da!

„Tschüss, Anne", sagt Benni. „Hat Spaß gemacht, mit dir Weihnachtslieder zu singen."

Anne nickt. „Finde ich auch."

Während der Zug in den Bahnhof einfährt, verabschieden sich auch die anderen Fahrgäste von Anne.

„Das war wirklich eine schöne Zugfahrt!", sagt die Frau mit dem Handy. „Trotz der Verspätung. Jetzt bin ich richtig in Weihnachtsstimmung!"

„Lass dich ordentlich beschenken", sagt die alte Frau mit den lila Haaren und lächelt.

Bevor Anne aus dem Zug steigt, winkt sie allen noch einmal zu und ruft: „Tschüss, und fröhliche Weihnachten!"

Dann steht sie neben Mama und Papa auf dem Bahnsteig. Die Türen schließen sich, und der Zug fährt langsam an. Anne winkt ihm hinterher. Eigentlich schade, dass die Fahrt so schnell vorbeigegangen ist.

Da sieht sie plötzlich ein bekanntes Gesicht am anderen Ende des Bahnsteigs.

„Oma!", ruft Anne und rennt los, direkt in Omas Arme.

„Da ist ja mein kleiner Weihnachtsengel", sagt Oma und drückt Anne an sich.

„Hast du etwa schon den Baum geschmückt?", fragt Anne.

Oma schüttelt den Kopf. „Natürlich nicht. Das wollten wir doch zusammen machen."

Anne seufzt erleichtert. „Ein Glück!"

„War die Zugfahrt sehr langweilig?", will Oma wissen.

„Langweilig?", fragt Anne. „Kein bisschen. Schließlich sind wir mit einem richtigen Weihnachtszug gefahren!"

O du fröhliche

Text: Daniel Falk und Heinrich Holzschuher – Melodie: Sizilianische Volksweise

1. O du fröh - li - che,__ o du se - li - ge,__ gna - den - brin - gen - de Weih - nachts - zeit! Welt__ ging ver - lo - ren, Christ__ ist ge - bo - ren: Freu - e,__ freu - e dich, o Chris - ten - heit!

2. O du fröhliche, o du selige,
   gnadenbringende Weihnachtszeit!
   Christ ist erschienen,
   uns zu versühnen:
   Freue, freue dich, o Christenheit!

3. O du fröhliche, o du selige,
   gnadenbringende Weihnachtszeit!
   Himmlische Heere,
   jauchzen dir Ehre:
   Freue, freue dich, o Christenheit!

Der kleine Bär und die lange, kalte Winternacht

Fredrik Vahle

Es war einmal ein kleiner Bär, der freute sich, dass es Sommer war und die Sonne schien. Die Fliegen flogen umher, die Bienen summten und die Brummer brummten, und der kleine Bär brummte auch. Er brummte das Honiglied. Das brummte er am liebsten im Sommer, wenn die Sonne schien. Aber der Sommer ging vorbei und dann kam der Herbst. Der Wind wehte die Wolken über den Himmel und die Blätter von den Bäumen. Die Vögel hörten auf zu singen, flogen einfach weg, ließen sich nicht mehr blicken, und es wurde auch schon ein bisschen kalt.

Und dann kam der Winter. Die Erde wurde hart vom Frost. Es fing an zu schneien und im Wald war es ganz still. Die Tage wurden immer kürzer und die lange, kalte Winternacht wurde immer länger. Jeden Abend kam sie etwas früher über den Wald. Da verkroch sich der kleine Bär in einem hohlen Baum und machte die Augen zu. Aber die lange, kalte Winternacht wurde trotzdem immer länger und die Tage wurden immer kürzer und die Sonne wurde immer schwächer.

Da bekam der kleine Bär eine große Wut. Er wartete hinter einem Baum, bis die lange, kalte Winternacht kam, und dann sprang er hervor und brummte so laut und böse, wie er nur konnte.

Aber die lange, kalte Winternacht ließ sich nicht verscheuchen. Sie wurde immer länger und kälter.

„Ich muss eine Fallgrube buddeln", sagte der kleine Bär.

Er buddelte den ganzen Tag, bis er eine tiefe Grube gebuddelt hatte. Die lange, kalte Winternacht kam. Aber sie ließ sich nicht einfangen. Sie wurde immer länger und kälter.

„Dann werde ich sie eben erschrecken", sagte der kleine Bär, „damit sie ein für alle Mal verschwindet." Und der kleine Bär machte sich eine entsetzliche Geistermaske. Als die lange, kalte Winternacht kam, sprang er hervor und brummte fürchterlich. Aber die lange, kalte Winternacht ließ sich nicht erschrecken. Sie wurde immer länger und kälter.

Doch der kleine Bär gab nicht auf.

„Ich werde noch mehr Lärm machen", sagte er, und er machte die fürchterlichsten Bärenbrummtöne und ein Getöse im Steinbruch, dass allen Tieren die Ohren wehtaten. Der Dachs wurde wach und der Igel und das Eichhörnchen.

Auch der alte Bär wurde wach und brummte: „Was ist los?"

„Die lange, kalte Winternacht", sagte der kleine Bär. „Sie wird immer länger, und wenn sie noch länger wird, dann wird eines Tages die Sonne überhaupt nicht mehr scheinen, es wird ganz kalt und wir werden alle erfrieren!"

„Aber das stimmt nicht", sagte der alte Bär. „Letztes Jahr war es ganz anders."

Mehr wusste er nicht, denn er war sehr vergesslich.

Da fiel ihm ein, dass der Förster im letzten Jahr – gerade als die lange, kalte Winternacht am längsten und kältesten war – eine Tanne aus dem Wald geholt und ins Haus getragen hatte.

„Und dann hat der Baum geleuchtet", sagte der große Bär.

Aber mehr wusste er nicht, denn er war sehr vergesslich.

Da wurde der kleine Bär neugierig und sie gingen zum Försterhaus. Sie schauten beide zum Fenster hinein und sahen, dass ein Baum in der Stube stand. Es war eine ganz gewöhnliche Tanne und sie leuchtete auch nicht. Alle im Haus bekamen einen großen Schreck, als die beiden Bären zum Fenster hineinguckten. Der Förster lief gleich in den Flur, um seine Flinte zu holen.

„Die wollen uns nicht haben", sagte der große Bär, und die beiden Bären liefen, so schnell sie konnten, in den Wald zurück. „Aber den Weihnachtsmann haben sie letztes Jahr reingelassen, gerade als der Baum so schön leuchtete", sagte der große Bär. Aber mehr wusste er nicht, denn er war sehr vergesslich.

Da liefen die beiden Bären zum Weihnachtsmann.

„Wir möchten auch Weihnachtsmann sein und in das Försterhaus gehen und den leuchtenden Baum sehen."

Der Weihnachtsmann hatte so viel zu tun gehabt, dass er von der Arbeit ganz müde war. Deshalb sagte er: „Ihr könnt meine Arbeit eigentlich auch machen. Nehmt zwei von meinen Mänteln und zieht die Kapuzen tief ins Gesicht."

Da verkleideten sich die beiden Bären. Der große Bär war der Weihnachtsmann, der kleine Bär war der Knecht Ruprecht und so liefen sie zum Försterhaus. Da sahen sie den leuchtenden Baum. Sie wurden hereingelassen und die ganze Familie hat Lieder gesungen und der Hund hat mitgeheult und den beiden Bären wurde ganz warm ums Herz. Mitten in der langen, kalten Winternacht stand da ein Baum und leuchtete. Die Bären konnten es kaum fassen. Sie brummten die Lieder mit und stellten den Sack mit den Geschenken vor den Weihnachtsbaum und dann verschwanden sie wieder.

„Vielleicht macht der leuchtende Baum alles wieder gut. Vielleicht bedeutet er, dass das Licht und die Wärme nicht sterben", dachte der kleine Bär.

Und tatsächlich, von dem Tage an wurde die lange, kalte Winternacht kürzer und die Tage wurden länger. Die Sonne schien immer mehr, und der kleine Bär brummte das Honiglied. Denn das brummt er am liebsten, besonders wenn die Sonne scheint.

Die Geschichte vom Weihnachtslicht

Rolf Krenzer

Als die Engel den Hirten verkündet hatten, dass im Stall von Bethlehem der König der Welt geboren worden war, da suchte jeder nach einem passenden Geschenk, das er dem Kind in der Krippe mitbringen wollte. Die Hirten liefen auseinander, verabredeten sich aber, dass sie sich nach kurzer Zeit treffen wollten, um gemeinsam zum Stall zu gehen, das Kind anzubeten und ihre Geschenke zu überbringen.

„Ich bringe ein Schäfchen mit!", meinte der eine.

„Ich eine Kanne voll frischer Milch!", sagte ein anderer.

„Und ich eine warme Decke!", rief ein Dritter.

Unter den Hirten war aber auch ein Hirtenknabe. Der war bettelarm und hatte nichts, was er dem Kind schenken konnte. Traurig lief er zum Schafstall und suchte in dem winzigen Eckchen, das ihm gehörte, nach etwas, was er vielleicht doch mitbringen konnte. Aber da war nichts, was auch nur den Anschein eines Geschenkes hatte. In seiner Not zündete der Hirtenknabe eine kleine Kerze an und suchte in jeder Ritze und in jeder Ecke. Doch alles Suchen war umsonst.

Da setzte er sich endlich mitten auf den Fußboden und war so traurig, dass ihm die Tränen an den Backen hinunterliefen. So bemerkte er auch nicht, dass ein anderer Hirte in den Stall gekommen war und vor ihm stehen blieb. Er erschrak richtig, als ihn der Hirte ansprach: „Da bringen wir dem König der Welt alle möglichen Geschenke. Ich glaube aber, dass du das allerschönste Geschenk hast!"

Erstaunt blickte ihn der Hirtenknabe mit verweinten Augen an. „Ich habe doch gar nichts!", sagte er leise.

Da lachte der Hirte und meinte: „Schaut euch diesen Knirps an! Da hält er in seiner Hand eine leuchtende Kerze und meint, er habe gar nichts!"

„Soll ich dem Kind vielleicht die kleine Kerze schenken?", fragte der Hirtenknabe aufgeregt.

„Ja!", antwortete der Hirte. „Sie ist hell und macht warm."

Da stand der Hirtenknabe auf, legte seine Hand schützend vor die kleine Flamme und machte sich mit dem Hirten auf den Weg.

Als die Hirten mit ihren Geschenken den Stall erreichten, war es dort kalt und dunkel.

Als aber der Hirtenknabe mit seiner kleinen Kerze den Stall betrat, da breitete sich ein Leuchten und eine Wärme aus, und alle konnten Maria und Josef und das Kind in der Krippe sehen. So knieten die Hirten vor der Krippe und beteten den Herrn der Welt an, das kleine Kind mit Namen Jesus. Danach übergaben sie ihre Geschenke. Der Hirtenknabe aber stellte seine Kerze ganz nah an die Krippe, und er konnte deutlich das Leuchten in Marias und Josefs Augen sehen.

„Das kleine Licht ist das allerschönste Geschenk!", sagten die Hirten leise.

Und alle freuten sich an dem schönen Weihnachtslicht, das sogar den armseligen Stall warm und gemütlich machte. Der Hirtenknabe aber spürte, wie in ihm selbst eine Wärme aufstieg, die ihn immer glücklicher machte. Und wieder musste er weinen. Jetzt weinte er aber, weil er sich so glücklich fühlte.

Bis zum heutigen Tag zünden die Menschen vor Weihnachten Kerzen an, weil sie alle auf Weihnachten warten und ihnen das kleine Licht immer wieder Freude und Geborgenheit schenkt.

Stille Nacht, heilige Nacht

Text: Joseph Mohr – Melodie: Franz Xaver Gruber

1. Stil - le Nacht, hei - li - ge Nacht! Al - les schläft, ein - sam wacht nur das trau - te, hoch - hei - li - ge Paar. Hol - der Kna - be im lo - cki - gen Haar, schlaf in himm - li - scher Ruh!____ Schlaf_ in himm - li - scher Ruh!___

2. Stille Nacht, heilige Nacht!
   Gottes Sohn, o wie lacht
   Lieb aus deinem göttlichen Mund,
   Da uns schlägt die rettende Stund,
   Christ, in deiner Geburt!
   Christ, in deiner Geburt!

3. Stille Nacht, heilige Nacht!
   Hirten erst kundgemacht;
   Durch der Engel Halleluja
   Tönt es laut von ferne und nah:
   Christ, der Retter, ist da!
   Christ, der Retter, ist da!

Quellenverzeichnis

Wir danken nachstehenden AutorInnen und Verlagen für die freundlich erteilte Abdruckerlaubnis:

Bellinda: „Schlimm, schlimmer – Weihnachten", aus: Andreas Schlüter (Hg.), *Der Weihnachtsknall,* © Carlsen Verlag GmbH, Hamburg 2006.

Fuchshuber, Annegret: Die Nikolausstiefel, © Verlag Ernst Kaufmann, Lahr.

Hachmeister, Sylke: „Das Schönste an Weihnachten", © bei der Autorin.

Hundertschnee, Nina: „Kufenzauber mit Knacks", © bei der Autorin.

Krenzer, Rolf: „Die Geschichte vom Weihnachtslicht", aus: ders., *Weihnachten im Kindergarten,* © Verlag Ernst Kaufmann, Lahr.

Krenzer, Rolf: „Weihnachtsgeschenke", © Rolf Krenzer Erben, Dillenburg.

Mauder, Katharina: „Ted Bär", © bei der Autorin.

Nöstlinger, Christine: „Eine jahrelange Ungerechtigkeit", Textauszug aus: *Weihnachtsgeschichten vom Franz* von Christine Nöstlinger, © Friedrich Oetinger Verlag, Hamburg 1997.

Ruck-Pauquèt, Gina: „Paradies-Schnee", © bei der Autorin.

Schreiber-Wicke, Edith: „Weihnachtspost", © 2013 Coppenrath Verlag, Münster.

Schupp, Renate: „Der Schächtelchen-Kalender", © bei der Autorin.

Vahle, Fredrik: „Der kleine Bär und die lange, kalte Winternacht", © beim Autor.

von Vogel, Maja: „Annes Weihnachtszug", © bei der Autorin.

Leider war es uns trotz sorgfältiger Recherchen nicht möglich, alle Rechtsinhaber ausfindig zu machen. Für Hinweise ist der Verlag dankbar.